石河子大学哲学社会科学优秀学术著作出版基金资助
新疆普通高校人文社科重点研究基地“公司治理与管理创新研究中心”招标课题（XJEDU20115C03）成果
兵团屯垦戍边研究中心开放课题（ZX1501）成果

经济管理学术文库·经济类

中国企业品牌国际化战略选择研究
——新疆的理论与实践

Research on the Strategic Choice of
Chinese Enterprise Brand Internationalization
—Theory and Practice in Xinjiang

崔登峰／著

经济管理出版社
ECONOMY & MANAGEMENT PUBLISHING HOUSE

图书在版编目（CIP）数据

中国企业品牌国际化战略选择研究：新疆的理论与实践/崔登峰著．—北京：经济管理出版社，2021.3

ISBN 978-7-5096-7847-3

Ⅰ.①中…　Ⅱ.①崔…　Ⅲ.①企业管理—品牌战略—国际化—研究—新疆
Ⅳ.①F279.274.5

中国版本图书馆 CIP 数据核字(2021)第 046341 号

组稿编辑：乔倩颖
责任编辑：曹　靖　郭　飞
责任印制：张莉琼
责任校对：陈　颖

出版发行：经济管理出版社
（北京市海淀区北蜂窝 8 号中雅大厦 A 座 11 层　100038）
网　　址：www. E-mp. com. cn
电　　话：（010）51915602
印　　刷：唐山玺诚印务有限公司
经　　销：新华书店
开　　本：720mm×1000mm/16
印　　张：13.5
字　　数：201 千字
版　　次：2021 年 4 月第 1 版　　2021 年 4 月第 1 次印刷
书　　号：ISBN 978-7-5096-7847-3
定　　价：88.00 元

序

本书最初想法产生于2013年。笔者所在的石河子大学地处新疆，是教育部省部共建211高校。2014年，笔者在中山大学访学期间，有机会与中山大学管理学院教授们深入探讨中国企业尤其是新疆企业长远健康发展的问题，有机会用"跳出来"的眼光来审视和思考新疆应如何抢抓机遇、新疆企业如何借力"走出去"战略和经济全球化加速实施品牌国际化战略；2015年，笔者由于工作原因，参与了中亚文明与向西开放协同创新中心和东欧中亚对外经济贸易研究院部分建设工作，接触了不少国内和东欧中亚国家学者、智囊团和企业家，也接触了不少新疆政府官员、自治区内外企业家，他们都非常重视和关注西向开放，热切关注中亚、中欧经贸合作和区际协作。在此基础上，笔者申请了两项省部级项目《"丝绸之路经济带"背景下中国（新疆）企业参与中亚国家市场开发战略选择研究》和《新疆本土企业品牌国际化的战略选择、评估及启示》，并顺利结项。其中部分研究成果，多次在兵团干部学院为处级以上干部进行讲授，也为不少国企、上市公司进行了讲座分享，反应较为强烈，均表达出希望进一步分享笔者研究成果的想法，由此，笔者决定将这些研究成果集结出书，以期让更多希望把握新疆发展重要机遇期和窗口期的政府官员与企业家受益。

本书分为上下两篇，也是两个课题项目的研究内容，上篇为《新疆本土企业品牌国际化的战略选择、市场评估及典型案例》，下篇为《中国企业参与中亚市场开发的战略选择研究》。从本书的结构安排来看，上下篇总共12章，上篇6章，下篇6章，上下篇各成体系。为了全书章节顺畅，上下篇各章还是依序顺排。上篇侧重从新疆本土企业角度对国内外相关品牌国际化概念与理论梳理基础上，对新疆本土企业品牌国际化现状、实施战略、存在问题以及影响因素进行了深入系统的分析，总结了新疆本土品牌国际化的战略选择和品牌推广策略的选择；在此基础上，为了更加深入地分析新疆本土企业品牌国际化情况，运用了案例分析法对部分代表性企业——新中基和特变电工做了深入的分析，分析其品牌国际化的战略选择，对其品牌国际化的成效进行评估，总结其经验教训和启示；并围绕以上分析，提出适用于新疆企业品牌国际化的战略选择建议。下篇侧重于中国企业参与经济全球化的背景和意义，中亚市场开发的环境与现状以及中国企业参与中亚各国市场的动机、影响因素与开发现状；在此基础上，对中国与中亚五国贸易竞争性、贸易互补性以及中亚五国贸易潜力进行了实证分析；并结合中国企业开发中亚市场所面临的机遇与挑战，提出经济全际化背景下中国企业开发中亚市场战略选择与实施保障。

在本书写作过程中，得到了不少部门领导、企业家及学界同仁的关心与支持，感谢他们在研究计划制订与实施、调研协调与安排、项目评审与建议中为本书高质量完成做出的重要贡献，由于人数较多，这里不做一一致谢。本书还要感谢笔者勤奋的研究生们，他们是邵伟、桑玲玲、黎淑美、李华仪、袁振朋、李梓萌、张家宁、李锦秀、王楠楠、李博文、姜朋朋、王军香、叶雨辰、韩晓乐等。他们参与了文献、数据资料的收集、整理，参与了问卷和调研大纲的制订与实施，参与了实地调研、访谈与走访，参与了部分章节内容的编写和文字校对等工作。没有他们，无法高质量地完成该书稿。也要感谢对本书同样有相关研究兴趣的学者与专家，本书借鉴了这些学者不少真知灼见，可能有些并没有完全在参考文献中列出，这里一并感谢。还要感谢我的家人和亲朋好友们，没有他们的支持，我不可能有大量的时间与精力对该问题展开系统深入的研究。

虽然笔者在写作本书的过程中经历了不少困难与艰辛，对各章节内容也是反复推敲与琢磨，但还是由于时间、精力不足，尚留下不少缺憾，没有形成系统的理论与思想。今后，会围绕中共中央、国务院关于新时代推进西部大开发形成新格局的指导思想，对新疆企业国际竞争力提升、企业品牌国际化战略纵深发展方面进行拓展研究。

目　录

上篇：新疆本土企业品牌国际化的战略选择、市场评估及典型案例

下篇：中国企业参与中亚市场开发的战略选择研究

上篇：新疆本土企业品牌国际化的战略选择、市场评估及典型案例

第1章　前　　言

1.1　问题的提出

品牌国际化是当前全球经济一体化、市场竞争品牌化的产物，一个国家或地区拥有国际知名品牌的多少在一定程度上反映了其经济水平和综合实力的强弱。2005年，《纽约时报》专栏作家托马斯·弗里德曼在他出版的《世界是平的》（*The World Is Flat*）一书中就指出，进入21世纪以来，随着科技和通信领域的不断进步，全世界的人们和企业可以空前地彼此接近，“世界正被抹平”，企业间的国际竞争变得更加激烈。在世界经济日趋呈现出市场国际化、企业跨国化、资本多国化和竞争国际化的背景下，世界各国的许多跨国公司相继在国际市场上走出了从产品输出、技术输出到资本输出，又从资本输出到品牌输出的道路。品牌企业的多少，尤其是国际知名品牌的多少是一个国家或地区综合实力的重要标志（王咏丽，2002；崔登峰，2006）。2019年，国际品牌咨询机构Interbrand发布的全球品牌100强榜单品牌榜前10中，并没有中国企业的身影，前10分别是：苹果、谷歌、亚马逊、微软、可口可乐、三星、丰田、奔驰、麦当劳、迪士尼。品牌榜前10中有7个品牌是美国企业，国内企业唯一进入全球品牌100强的是华为，不过华为的排名也不太乐观，仅排名第74位，品牌价值为68.87亿美元。由此可见，品牌企业在品牌竞争时代对地区经济或一个国家来说至关重要。品牌国际化俨然成为了一个企业乃至一个国家的重要发展战略。

自改革开放以来的40多年，中国经济取得了较快发展，目前已成为世界第一大制造国和第二大经济体，在世界经济的地位和话语权得到了显著提升。与此同时，中国企业走出国门，实施跨国商业经营活动也不断增多。据海关总署公布的进出口数据显示，我国2013年进出口总值达4.16万亿美元，首次突破4万亿美元大关，并成功取代美国成为了全球最大贸易国；2019年，我国货物贸易进出口总值为31.54万亿元，突破31万亿元，继续保持全球货物贸易第一大国的地位；同时，民营企业超过外商投资企业，成为中国第一大外贸主体。但不得不正视的一个事实是，中国拥有国际知名品牌的企业并不多。据国际知名品牌评估机构Interbrand和福布斯（2017～2019年）的评估，仅有华为入围，联想集团仅在Interbrand全球品牌价值百强榜中出现一次。长期以来，国际市场对包括中国在内的新兴国家自主品牌存在“低质低价”的负面原产国刻板认知和意识形态偏见，让中国企业的品牌国际化道路充满了艰辛。中国本土品牌如何由中国制造变成中国创造，成为国际知名品牌，已成为中国企业迫切需要解决的问题。2016年6月20日，国务院办公厅发布《关于发挥品牌引领作用推动供需结构升级的意见》（国办发〔2016〕44号），并于2017年4月发布《国务院关于同意设立“中国品牌日”的批复》（国函〔2017〕51号），同意自2017年起，将每年5月10日设立为“中国品牌日”。在2020年5月10日第四个中国品牌日，习近平总书记提出：推动中国制造向中国创造转变、中国速度向中国质量转变、中国产品向中国品牌转变，这为推动我国产业结构转型升级、打造中国品牌指明了方向。国家总理李克强在主题是“中国品牌，世界共享；全面小康，品质生活；全球战‘疫’，品牌力量”的云上2020年中国品牌日活动中也强调：加强品牌建设，不断提升中国产品和服务的质量与影响力，是坚定实施扩大内需战略、推动高质量发展的重要方面。近年来，虽然有不少失败的案例，但也涌现出了一批成功企业典范。华为、联想、海尔、滴滴、小米、三一重工、吉利、万向集团、福耀玻璃等，绕开 OEM 陷阱，走出了一条自主品牌的道路。这些企业品牌国际化成功实践经验，为包括新疆企业在内的中国企业实现品牌国际化提供了借鉴。

新疆地处亚欧大陆腹地，中国西北边陲，与 8 个国家接壤，目前已与 160 个国家和地区建立了贸易关系。新疆既是中国面向中亚、南亚、中东的核心区，又是我国向西开放的“桥头堡”，更是联结亚欧大陆的重要通道。在国家新一轮西部大开发、第三次中央新疆工作座谈会和多轮对口援疆等政策扶持下，新疆企业克服了全球经济不景气的压力，企业国际化经营的规模和范围不断扩大。当前，经济全球化正在向纵深发展，逆全球化、反全球化、贸易保护与民粹思想回潮，都为新疆企业跨国经营、创建国际知名品牌带来了艰难挑战。

新疆本土企业应抓住经济全球化发展的历史机遇，进一步拓展企业的国际化广度，加深企业的国际化深度，调整企业的国际化节奏，加快企业的国际化进程。借助经济全球化发展和区域综合成本比较优势，民营企业进出口贸易在中西部地区的增长速度更快。2019 年，新疆商贸物流中心建设取得新进展。2014 年至 2019 年 5 月，累计由新疆开行的西行国际货运班列 2564 列。“中欧班列集拼集运模式”作为自贸试验区改革试点经验在全国范围内复制推广。先后开辟班列线路 20 条，通达中亚和欧洲 18 个国家、25 个城市，全国中亚班列乌鲁木齐集结中心初步形成；核心区商贸物流中心建设、物流业“十三五”发展规划编制也已完成，为新疆企业走出去提供了很好的物流条件。据中华人民共和国乌鲁木齐海关统计数据显示，2019 年，新疆对外贸易进出口总值达 1640.9 亿元人民币，与 2018 年相比增长 23.8%。其中，出口总值为 1250.3 亿元，增长 14.8%；进口总值为 390.6 亿元，增长 65.1%。但是在如此大的进出口量中，新疆本土企业贡献的只有20%左右，绝大部分进出口量是将新疆作为国际化“跳板”的非新疆企业实现的，可见新疆企业国际化潜力巨大，需要进一步激发新疆本土企业的国际化发展潜能。

目前来看，成功实现品牌国际化的企业屈指可数，并且部分企业在国际化中缴纳了不菲的“学费”。比如新中基，该公司为更有利于开拓欧洲业务，2004 年通过实施国际并购等品牌杠杆策略，耗资700 万欧元购买了在法国番茄酱市场上占份额40%的法国普罗旺斯食品公司51%的股权，2005 年又对其余股权进行了收购，截至2013 年，新中基 9 年来持续对普罗旺斯食品公司投资了 4000 万欧元。但自从该公司被新中基并购后，连年出现亏损，一次又一次面临破产重组的命运。2014 年 4 月 11 日，法国阿维尼翁商业法庭判决，将普罗旺斯食品公司的无形及有形资产，以65 万欧元的价格转让给 UNITOM 公司，新中基作为新疆本土企业，在国际化过程中险象环生、代价惨重。但也有国际化发展较成功的企业，比如金风科技和特变电工，通过以占领本土市场为先，强化研发、提升产品质量、创建自主品牌等战略，逐步拓展国际市场，将产品销往六大洲、近 100 多个国家，成功地实现了品牌国际化，目前，特变新能源板块一半以上市场在国际市场，其中光伏 EPC 连续三年全球第一，光伏逆变器研发制造位居全球前五。2019 年，新能源公司位列全球绿色公司 200 强第 32 位，全球新能源企业 500 强第 89 位。这些企业在国际化过程中采取的品牌国际化战略决定了其品牌国际化的成果，企业进行品牌国际化应该具备什么样的素质和能力？该选择何种战略模式？该如何通过品牌国际化来培育国际品牌？俨然已成为力图抓住这次重要战略机遇的新疆企业迫切需要解决的问题，当然，也是新疆维吾尔自治区政府和新疆生产建设兵团迫切想要解决的问题。

1.2 研究目的与意义

1.2.1 研究目的

通过对新疆本土品牌进行问卷调研和对部分企业进行实地调研和管理人员访谈，了解新疆本土品牌国际化的现状和战略选择，通过分析品牌国际化成功和失败的企业案例，对其国际化战略进行分析和评估，提出在经济全球化背景下本土品牌国际化战略选择的相关建议，为新疆乃至全国的本土品牌国际化战略选择提供借鉴。

1.2.2 研究意义

1.2.2.1 理论意义

新疆是我国西向开放的“桥头堡”，新疆企业如何实现“走出去”、创建强势国际品牌，是今后研究的热点问题。目前，国内外相关学者在这个领域研究的比较少，不够系统和深入，这为本书理论方面的突破提供了机遇。本书有益于丰富国内关于新疆本土企业品牌国际化的案例研究。

1.2.2.2 现实意义

第一，通过对案例企业的品牌国际化战略选择进行评估和提供相关建议，对案例企业的良性国际化有很好的推动作用；第二，研究结论对其他新疆本土企业实现品牌国际化有借鉴意义；第三，通过研究企业的国际化行为，引导企业更好地“走出去”，为促进经贸发展和对外交流合作发挥积极作用；第四，研究成果有助于新疆维吾尔自治区政府和新疆生产建设兵团为培育国际知名品牌而出台相应的扶持政策、通关便利化政策和国际物流方案，对企业的品牌国际化进行规范和引导，对塑造良好的国际化发展环境有一定的帮助。

1.3 国内外研究现状

1.3.1 国外研究现状

西方发达国家企业在跨国经营和品牌国际化方面的实践早在工业革命后期就逐渐多了起来，但学者对品牌国际化理论研究是从20世纪80年代才开始的，由哈佛大学的泰德·莱维特（Ted Levitt）将品牌国际化和适应当地市场的争论引入学术界。

1.3.1.1 品牌国际化模式的相关研究

法国学者Kapferer（1997）提出了“后全球品牌”的观点，他依据国际知名品牌的营销实践总结了7种品牌全球化模式：①全球标准化。②针对不同市场采取不同的定位。③针对不同市场进行产品调整。④品牌名称相同但产品不同。⑤产品相同，但针对不同国家的法律制约对品牌名称进行适当调整。⑥产品相似但定价不同。⑦产品主构件相同，而零部件有所调整。他认为，品牌营销应针对不同国家消费群体的需求以及不同国家的法律法规采取更为灵活的策略。

Cheng等（2005）以Anderson（1998）提出的国际化过程模型为基础，通过理论推演，并结合韩国、中国台湾的制造业发展现状，创造性地提出了品牌国际化的阶段模型，将品牌国际化划分为四个阶段：预国际化阶段、初步国际化阶段、品牌国际化阶段和当地化阶段，并对每个阶段的使命、问题、战略和决策等做了详细的说明和分析。刘英为等（2017）从制度理论的合理性角度出发，探讨了制度距离、品牌合理性与品牌国际化绩效的关系，析出了品牌合理性的获取战略及其边界条件；并在此基础上，划分了品牌合理性发展的三个阶段，提出了不同发展阶段对应的战略安排，为提升中国品牌国际化绩效提供了建议和指南。张媛等（2020）在研究中提出，品牌国际化在不同阶段、不同驱动因素影响下组织学习行为和品牌国际化能力将发生演变，双元学习依次赋予品牌身份构建能力、品牌渗透能力与品牌涵化能力，以此实现品牌国际化储备、国际化认同到国际化深化的跃迁。刘英为等（2017）基于中国品牌海外社交媒体广告的多案例研究，深入探讨了基于国家文化原型的品牌国际化传播策略，并检验了不同应用策略在不同情景下消费者反应的差异。

1.3.1.2 品牌国际化主要影响因素的相关研究

国外学者关于企业实施品牌国际化战略影响因素研究成果比较丰富，其中，代表性的是 Schmitt 和 Pan（1994）、Scott（1995）等的研究。Scott（1995）认为，与国内经营相比，品牌跨国经营意味着环境发生了巨大变化，各个国家有各自不同的法令法规，不同的社会规范和惯例以及迥异的文化传统。Michael E.（2001）认为，企业声誉、质量评价等无形及有形维度都是影响品牌国际化过程的重要因素。Schmitt 和 Pan（1994）认为亚太地区的企业要想建立强势品牌，三项任务是至关重要的：选择适合的企业和品牌名称、建立正确形象和强化质量认知。另外，企业可以通过与当地政府建立良好的公共关系来获得双方的共同利益（Ledingham，2003）。

1.3.2 国内研究现状

近年来，随着全球经济一体化步伐的加快以及企业国际竞争的加剧，品牌国际化成为学者关注的热点。以品牌国际化为关键词在中国知网进行文献检索发现，总共有 1249 篇，其中 2000 年以前（含 2000 年）品牌国际化研究较少，共有 8 篇；从 2001 年开始逐年增加，2009 年达到顶峰为 619 篇，之后逐年递减。

从中发现，中国加入 WTO（世界贸易组织）在一定程度上激发了国内学者对品牌国际化问题的研究积极性；随着公众对品牌功能、自有品牌创建和品牌国际化的重视，尤其是在 2007 年金融危机爆发后，许多企业面临着国际经济不景气、国外需求不足问题，如何提升产品质量、创建自有品牌、打造国际知名品牌，成了学者研究的热点。2009 年，我国推出了 4 万亿元的财政刺激方案，提出扩大内需等策略来缓解出口依赖，此后，关于品牌国际化研究论文开始逐年减少，并维持在每年 150 ~ 200 篇。

1.3.2.1 品牌国际化内涵及标准的相关研究

如何衡量一个品牌的国际化，学术界尚没有定论，国内学者对此展开了讨论。韦福祥（2001）从以下几个角度来衡量品牌国际化程度：该品牌产品在其他国家销售量（额）占全部销售量（额）的比重；品牌在全球的认知度；品牌销售所分布的国家和地区；资源的国际化程度和人才的国际化程度。复旦大学苏勇（2003）教授在研究总结的基础上，从定量和定性两个方面对衡量品牌国际化的标准进行了分析讨论。从定量的角度来看，品牌的知名度和美誉度、品牌评估的价值和企业经营国际化比重等指标可以用来衡量品牌国际化；从定性的角度来看，品牌国际化经营的时间、品牌国际化的分布区域和品牌国际化的输出方式等指标是衡量品牌国际化的标准。关辉和谢颖（2010）通过对相关理论进行研究指出，品牌价值的大小是品牌国际化程度的综合反映。海本禄（2012）从品牌国际化的深度和品牌国际化的广度两个方面对品牌国际化的水平进行衡量。王海忠（2013）提出，应该从品牌在国际市场的能见度、美誉度、国际声誉和品牌管理组织、人力资源和公司治理的国际化以及全球价值整合与协同等方面对国际知名品牌进行解读。赵晔涵（2014）进一步提出用品牌国际化的价值作为衡量品牌国际化程度的标准。苏勇和张明（2005）对品牌国际化的内涵进行了进一步的规定与阐释，认为品牌国际化是一个隐含时间与空间的动态营销和品牌输出的过程，该过程将企业的品牌推向国际市场并期望达到广泛认可和企业特定的利益。尽管理论界对品牌国际化水平进行度量的标准仍没有形成统一的标准，但也很容易看出，相关学者对品牌国际化水平进行度量的研究大致分为品牌的价值、品牌所涉及的国家数以及品牌所占据的市场比重等方面。田川（2019）在前人研究基础上提出，品牌国际化是一个商务主体建立国际品牌的过程，目标是在多个属于不同国家或地区的市场中建立有品牌价值的、受当地消费者认可的、跨市场的国际知名品牌；重点在于探索出一套适合企业品牌国际化的模式，包括人才培养模式、跨文化管理模式、市场营销模式、品牌经营模式等，难点是获得当地市场的认可和当地消费者对产品背后文化的接纳。因此，在成功建立国际品牌之后，企业不仅能够获得全球化的人才队伍和品牌国际化经验，能获得更大的市场和更多的消费者，还能拥有丰厚的品牌资产。

1.3.2.2 品牌国际化主要影响因素的相关研究

随着中国市场及中国品牌国际化实践不断增多，这些问题与现象引起了国内学者对该问题的重视和研究兴趣，也取得了丰硕的研究成果。何佳讯和张华（2004）认为，企业能够成功实现品牌国际化取决于对全球化和本土化之间关系的调整。张玉福（2005）认为，海外公司的产品在涉足中国市场的时候使用了各种各样的本土化方法，其中最核心的是对品牌进行本土化设计，包括将品牌名称进行本土化翻译的改变，根据当地消费者偏好对产品进行本土化设计甚至使用本土工厂对产品进行生产；从销售方法的本土化到对公共关系进行本土化维护，进行品牌国际化的企业逐渐使中国消费者对该品牌的熟悉度增加，最终使该公司的品牌成为中国消费者喜欢和钟爱的品牌。王分棉和林汉川（2011）对国际最有价值品牌的时间和空间特征进行了研究指出，持续性创新是国际品牌得以快速成长的关键，拥有新技术的企业更有潜力以及能力在更短的时间里发展成为世界知名品牌。吴小勇（2012）在其文章中指出，中国企业若要将其品牌国际化，必须对我国传统文化加以了解和运用，在品牌构建时就要将中国传统文化融入其中。王朝辉等（2013）通过研究发现，企业在进行品牌创建的过程中，主要影响因素具有动态性。赵晔涵（2014）从创新能力、文化创造力、品牌整体战略、品牌创造力、技术和资本国际化能力、国际水平管理能力、明确的需求导向、外部人力资源利用和多样化进入路径等方面对品牌国际化路径进行了选择。丁利剑和何佳讯（2016）认为中国企业“走出去”进行品牌并购，并购前后有关策略的选择相当重要，基于品牌国际化或进入特定市场的需要来选择不同的目标品牌，同时可考虑保留被并方产品品牌、突出主并方公司品牌，并精准把握整合程度与整合速度。王晓玉和汪俊（2017）以信息整合理论为基础，验证了一个跨国并购对本土品牌国际化形象提升效应，研究还发现与被并购方品牌相比，本土品牌并购前的国际化形象有更强的迁移效应，这种迁移效应受消费者民族中心主义的负向调节。魏利平和邢文祥（2019）研究认为，在数字化背景下，随着经济全球化的纵深发展，跨境电商出口已成为中国企业拓展海外市场、提升品牌国际化形象和增强国际核心竞争力的重要渠道。

通过对相关文献的梳理发现，品牌国际化影响因素主要可以分为企业自身因素和外部环境因素两大类，其中，企业自身因素主要包括研发、组织管理能力、市场开发能力等；外部环境因素则包括经济政策、基础设施、产业发展、文化价值观等。

1.3.2.3 我国品牌国际化基本模式的相关研究

我国学者在总结分析国内外品牌国际化的模式的基础上，提出了几种适用于我国企业品牌国际化的基本模式，相较于国外学者的理论模式而言，更多地结合中国企业的实践，因而具有较强的适用性。韦福祥（2001）从对全球化和本地化处理方式的不同，提出了标准全球化、模拟全球化、“标准”全球化和体制决定型四种不同的品牌国际化模式。张维迎（2002）、宋永高（2003）按照进入国际市场的难易程度，将品牌国际化分为先易后难模式、中间路线模式和先难后易模式。先易后难模式在选择进入海外市场时，首先进入不发达国家，其次进入中等发达国家，最后进入发达国家，随后学者补充了由近及远和单点扩散模式。

还有国内学者从企业案例分析角度出发总结了几种国内品牌国际化的模式，具有一定的实践意义。刘文纲和赵占明（2004）通过对海尔等国际化比较成功的几家中国企业的分析，总结出了中国本土品牌国际化的几种途径：①自创名牌战略。②贴牌战略：将自身的成本优势与外国企业的品牌优势相结合，如格兰仕。③本土化品牌战略：收购当地品牌，充分利用当地品牌背后的各种资源，如TCL。毛蕴诗和刘志彪（2004）从品牌国际化的阶段和方法进行了讨论，认为我国企业可以先 OEM 后 ODM，创建自主品牌，走低成本高效率的品牌国际化之路。周菲（2004）从国内企业国际化的案例角度出发，提出了国内品牌国际化的五种模式：海尔模式、TCL 模式、华为模式、格兰仕模式、同仁堂模式。关辉和谢颖（2006）根据我国市场当前情况，并在总结前人研究的基础上，将品牌国际化分为以下三种模式：单一自主品牌国际化（海尔模式）；通过并购国际知名品牌实施品牌国际化（联想模式）；独立的品牌策略与相互合作的品牌策略相结合，多品牌进入国际市场（TCL 模式）。王卫红和张超（2012）以珠三角企业品牌国际化为案例，提出了“单点突破，带动全局”发展自有品牌的格力模式和先难后易“OEM－ODM－OBM”的东菱凯琴模式。王海忠（2013）将中国企业品牌国际化战略模式归结为“创”和“借”两种模式，“创”是指通过研发导向、原始创新、领先技术、创新产品等走自主品牌道路，“借”是指通过品牌杠杆如跨国并购和组建跨国品牌联盟的形式。胡海晨等（2017）总结了中国高铁品牌的国际化发展模式，并指出应该重视国内本土市场的利用。依照公司在海外市场中的标准战略与本土化战略的选择情况，能够把品牌国际化模式划分成标准品牌国际化、模拟品牌国际化和标准品牌本土化三种模式。公司品牌迈向海外市场的具体路径不尽一致，而基于市场进入路径的视角展开分析，则有着“循序渐进”、先难后易与折合模型三种模式。根据公司国外发展时期，能够将品牌国际化的模式划分成品牌国际化的“延续”和“突破式”模式（王鹏，2018）。

1.3.2.4 新疆企业品牌国际化的相关研究

目前，关于新疆企业品牌国际化的研究并不多也不系统。对新疆企业品牌国际化较早研究的新疆财经大学的许云霞和康勇（2008）从新疆企业品牌国际化的定位、保护、推广、拓展四个方面入手，对新疆企业国际化经营中品牌运营的现状进行了分析，研究发现，新疆企业目前存在出口自主品牌程度化低、品牌知名度和影响力较小、品牌附加值低、缺乏规模效应等问题，针对这些问题提出了新疆企业品牌国际化中要凸显政府作用、集中优势资源、扩大品牌规模、实施品牌规划。此后，许云霞等（2009）将品牌国际化研究落实到具体的新疆特色农产品，认为新疆具有优质的特色农产品资源，但由于企业规模小、品牌运营能力不强、产品附加值低、产品安全体系不完善、缺乏长期品牌规划等原因，造成新疆缺乏国际公认知名品牌，结合这些问题提出转变政府职能、准确品牌定位、建立国际营销网络、培育龙头企业、品牌联合和品牌保护的对策。新疆企业品牌国际化应该采取什么模式？许云霞（2010）认为在短期安排上，应承接东部产业转移，大力发展加工贸易，加强贴牌出口；在中期安排上，应大力进行本地出口商品基地建设和实施产业集群战略，加强自主出口品牌打造；在长期安排上，应积极尝试通过收购国外企业，获得国外成熟品牌，加速拓展国际市场，缩短与国际大品牌的差距。

近几年，一些学者开始关注新疆品牌的国际化问题。张海霞和李季鹏（2015）从多角度对新疆企业国际化道路中的制约因素进行了分析和总结，并从企业、政府两个方面提出了建议。付鑫（2016）分析了新疆民营企业国际化经营所面临的机遇与存在的问题，并为新疆民营企业进一步“走出去”提出了建议。李季鹏（2017）对新疆企业国际化动因、发展渠道、国际化战略等方面进行了分析，并结合国际化经营绩效，基于已有的框架建立出整合框架，在此框架基础上分析新疆企业的国际化经营战略，认为新疆的企业在地理位置中占有优势，而技术落后是其劣势。李季鹏和张海霞（2017）对新疆企业国际化模式的影响因素进行了分析和总结，并对新疆企业“走出去”模式进行了探讨。

以上这些研究成果，是对新疆企业品牌国际化问题的有意义的尝试，为企业和政府层面提供了一定的借鉴作用。

1.3.3 国内外研究评述

对于品牌国际化战略的研究，很多学者从不同的角度提出了很有价值的理论，例如国际生产折衷理论，亚洲企业品牌国际化战略理论，但是不同的品牌国际化战略采用的背景和条件都有所差异，有必要对新疆本土品牌的品牌国际化战略进行总结和归纳；对于品牌国际化的动因研究，学者从不同角度出发，探讨了企业国际化的动因，也有学者提出了新疆企业国际化的动因，这为本书奠定了理论基础；对于新疆企业国际化的研究，有学者从竞争力角度探讨了新疆企业的竞争力，也有学者从国际化角度对新疆企业国际化过程中的问题进行了梳理并提出了对策建议，重点指出新疆企业国际化过程中品牌的附加值普遍偏低。从整体来看，主要是从宏观角度和产业角度对新疆企业品牌国际化的一个初探，缺乏从微观角度以企业为对象运用案例和实证分析方法去深入剖析新疆企业品牌国际化成功和失败的实践，并没有从这些实践中发掘成功品牌国际化的内在规律和企业应具备的素质和条件，也没有深入分析部分企业在品牌国际化中失败的教训，而这些恰恰是当前新疆企业最需要的，是企业成功实现品牌国际化的关键。

本书希望通过大量地对涉足国际化业务企业的调研和对几个典型的品牌国际化的新疆企业，比如金风科技、特变电工和新中基等，进行深入剖析，研究这些企业品牌国际化经验与教训，从而提炼出新疆企业可供借鉴的品牌国际化模式，为这些企业成功实现品牌国际化提供理论和实践经验借鉴。

1.4 主要研究方法与内容

1.4.1 研究方法

1.4.1.1 案例分析法

本书在归纳企业品牌国际化模式的基础上，针对每种模式选取国内外典型企业进行案例分析，找出品牌国际化成功秘诀；同时，结合新疆本土企业典型的品牌国际化案例进行研究，评估品牌国际化成效及经验启示，为新疆本土企业创建国际知名品牌提供借鉴。

1.4.1.2 访谈和问卷调查法

本书为获取新疆本土企业品牌国际化方面的一手资料，对新疆本土企业外贸出口排名靠前的 22 家进行探索性访谈，并以高层领导为调查对象，发放问卷，以获取企业品牌国际化意愿、自身能力、主要考虑因素、重点难点、品牌国际化主要模式和国际市场进入方式等信息。

1.4.1.3 比较分析法

通过比较相关学者关于国内外成功实现品牌国际化的企业案例分析结果以及将这些结果与新疆本土企业品牌国际化的模式、影响因素等进行比较分析，希望能够找出一些有意义的结论。

1.4.2 研究内容

本书上篇分为以下六部分内容：

第一部分，根据现实背景提出研究问题，对研究目的和研究意义进行阐述，对国内外相关文献进行梳理和总结，提出研究思路和框架，为本书的研究确立方向。

第二部分，对品牌国际化相关的概念进行界定，并对相关理论基础进行梳理，为本书的研究奠定理论基础。

第三部分，对新疆企业进行调研，了解新疆本土品牌的国际化现状和品牌国际化过程中存在的问题。

第四部分，探究新疆本土品牌国际化的影响因素，总结新疆本土品牌国际化的战略选择和品牌推广策略的选择。

第五部分，新疆本土企业品牌国际化的典型案例分析，以新中基和特变电工为例，分析其品牌国际化的战略选择，对其品牌国际化的成效进行评估，并总结其经验教训和启示。

第六部分，根据以上分析，提出适用于新疆企业品牌国际化的战略选择建议，为新疆本土品牌更好地“走出去”提供借鉴。

1.5 研究思路与框架

1.5.1 研究思路

首先，对国内外学者关于企业品牌国际化的动机、影响因素、战略选择的研究进行深入分析，通过对新疆各行业的共22家有代表性的企业进行问卷调查、实地调研获取一手数据，围绕这些数据对新疆本土企业品牌国际化战略选择进行深入分析。其次，围绕以上分析，选取新疆本土企业中品牌国际化典型性企业进行深入剖析，找出成功和失败的关键因素。最后，结合上述研究，对新疆本土企业品牌国际化战略选择进行评估并得出启示，为新疆本土企业实现品牌国际化、打造国际知名品牌提供借鉴。

1.5.2 研究框架

本书的研究框架如图 1－1 所示。

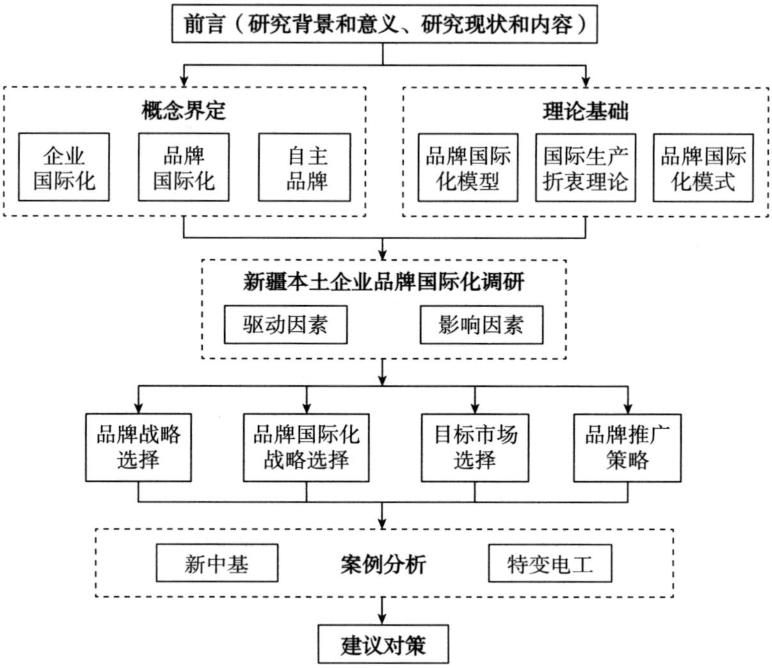

图 1－1 研究框架

第 2 章　相关概念与理论基础

2.1　相关概念界定

2.1.1　企业国际化

在以往文献中，关于企业国际化的定义学者并没有一致的结论，通过对相关学者已有研究的归纳整理，可以清楚地了解企业国际化概念及演变，如表 2－1 所示。

表 2－1　企业国际化定义

学者	企业国际化定义
Vernon（1966）	国际化应该是一个连续性概念，即企业会随着产品生命周期的演变而逐渐增加其国际化程度
Johanson 等（1977）	当一个企业随着国际化经营知识与经验的积累，对国际化经营认知的风险与不确定性逐渐降低，加上国际化经营带来的销售、利润与市场的拓展，促使其想要进一步控制经营成果而在国际化经营中投入更多的人力、物力资源，这种国际化程度的逐渐增加，就是所谓的企业国际化

续表

学者	企业国际化定义
Pierey（1981）	认为企业及其管理层对于本国市场以外的业务所投入的资源及其类型达到一定程度便可称作企业国际化
Richard 和 Robinson（1989）	企业国际化的过程就是在产品及生产要素流动性逐渐增大的过程中，企业对市场国际化而不是对某一特定的国家市场所做出的反应
Johanson 等（1990）	企业所处的市场和产业本身就是以网络的形式存在，企业国际化就是企业不断卷入国际商业网络关系的过程
Welch 和 Luostarinen（1993）	企业外向移动与内向移动是密不可分的两个方面，企业国际化是企业对于国际经营程度增加的过程，因而程度的增加应包含企业内部资源与外部经营增加两个方面
Hitt（1997）	企业将其经营活动进行跨国界拓展的行为都可称之为国际化，无论是销售、制造或者研发进入不同的地理区域或海外市场
Annauarjula 和 Beldona（2000）	可以从生产布局、资产布局、管理风格、发展战略以及组织结构等方面是否具有国际化的倾向或趋势来定义企业国际化
王福胜（2009）	早期对企业国际化的定义多偏向国外生产及拥有国外资产，到后期则发展到企业内部资源与外部经营必须共同调整的概念
宋华（2011）	企业是作为全球供应链体系中的一个环节参与到国际化中，发达国家通常位于供应链节点中的核心环节，发展中国家通常位于供应链的中下游环节，这种供应链方式相当于国际化经营途径中的目标实现策略，企业并不是单个的个体，而是通过加入供应链环节中与其他企业一起形成“横向”联盟来实现国际化
龙永图（2013）	企业国际化不仅是企业将产品出口到更广阔的国际市场，同时也包含了企业更开放的战略思维方式、更宽阔的国际化视野，在更高的平台上增强企业在全球范围内配置资源的能力，比如在融资成本最低的地方进行融资，生产成本最低的地方进行生产，在资源价格最便宜的地方购买资源等，从而培育和保持企业核心竞争力
谭娟（2019）	品牌国际化是指某一品牌，为了实现标准性和统一性带来的经济规模效益和品牌的超额收益，把包装、广告、策划等以同样名称命名，向全球各个国家扩展延伸的一种品牌经营策略，同时又叫做品牌在国际市场上的经营。实际上，品牌国际化是一个过程，该过程除了使企业获取特定的收益外，还推动企业品牌走进国际市场并且取得广泛认可度，这个过程包括品牌输出和隐藏时间与空间意义的动态营销。即品牌国际化是企业在国际市场，特别是在国际主流市场建立品牌资产的过程

不同的学者基于自身不同的研究视角给出企业国际化的定义。例如 Vernon（1966）的企业国际化定义就基于产品生命周期理论；Dunning（1977）的企业国际化定义就是基于国际化折衷理论；Johanson（1977，1990）给出的两个定义就是分别基于国际化阶段理论和国际化网络理论；Zahra 和 Georges（2002）将企业国际化定义为，企业离开母国的市场，探索并利用国外的机会，从而获取竞争优势的过程。不同的定义反映的并不是分歧，而是不同时期不同理论的不同切入点，反映了对于国际化研究的动态的、发展的过程。

参考以上学者的观点，本书将企业国际化这一概念界定为：企业为了获取更大的利润，实现企业可持续发展，利用自身的优势，选择进出口贸易、国际直接投资等方式参与国际分工、国际生产和国际市场，并按照国际化发展进程调整公司发展战略的过程。

2.1.2　品牌国际化

进入 21 世纪后，在经济全球化的背景下，消费者认牌购买的行为无疑对产品服务提供者发出了强有力的信号，品牌国际化不仅成为企业界的发展战略，也成为了学术界的热门研究话题。关于品牌国际化的概念，《国际营销杂志》曾设专题展开讨论，迄今为止还没有一个完整的定义。日本学者大石芳裕（2004）对品牌国际化的定义涉及了地理范围，他提出品牌国际化是企业品牌打入国际主流市场并被接受的过程。

20 世纪 90 年代以后，中国学术界才开始重视对品牌的研究，外贸增长方式转型的思考促使学者开始对品牌国际化进行研究，在中国加入世贸组织后，品牌国际化的研究逐渐在我国盛行。国内学者对品牌的研究大多是关于国内企业品牌发展战略，书籍也大多是面向企业受众而非学术著作，以大量案例作为主要内容，并在此基础上提出政策建议。

国内较早且较为系统研究品牌国际化的学者韦福祥（2001）认为，品牌国际化是一种品牌经营策略，是指将同一品牌以相同的名称、包装与广告策划向不同地区进行延伸扩张的，以这种统一化和标准化带来规模经济效益最大化和运营成本最小化。这是从品牌国际化经营的方式出发给出的定义。陈春慧和纪秋颖（2007）持相同观点，并在此基础上提出品牌国际化就是向多个国家和地区进行品牌价值扩张和品牌输出的长期动态营销过程。

从品牌与消费者之间关系出发，李成（2005）、张华容（2006）认为品牌国际化实际上就是品牌社会关系的国际化，即品牌要在全球范围内创建企业的用户资源，与消费者发生互动关系，同时，品牌国际化也是指运用相同的名称和标志，进入一个完全陌生的国家并开展品牌营销的一系列活动。韩中和（2008）认为，品牌国际化是在国际市场尤其是在国际主流市场建立品牌资产的过程。陈晓丽（2008）认为，品牌国际化是品牌在国内外进行文化渗透的过程，是实现品牌形象国际化的过程，是消费者从品牌中获取独特体验的过程，是品牌获得消费者广泛认同的过程，是品牌价值的最终实现与提升的过程。苏勇和张明（2015）对品牌国际化的内涵进行了进一步的规定与阐释，认为品牌国际化是一个隐含时间与空间的动态营销和品牌输出的过程，该过程将企业的品牌推向国际市场并期望达到广泛认可和企业特定的利益。

国内外专家学者对品牌国际化概念的表述各有千秋，然而万变不离其宗。综合以上观点，品牌国际化这一概念通常包含以下几个层面的含义：

第一，品牌国际化是一个长期性概念，是一个动态的过程。塑造良好品牌形象以及打造出在国际市场上具有一定知名度的品牌需要经历较长时间的累积。一个品牌从无到有，由地方品牌逐渐发展壮大成为全国品牌，再到国际性品牌，需要技术、人才、团队、资本等重要因素作为强劲支撑，而这些都需要企业经过长时间的积累才能获得。品牌国际化除了企业自身的努力，还要了解目标市场所在国家的一些约束条件，如政治、经济、法律条件。

第二，品牌国际化是一个跨区域的概念，是品牌超越国界开展营销的活动。

以经济发达程度将国际市场划分为三个市场——发达国家市场、发展中国家市场和欠发达国家市场。依据不同市场进行不同或相同的设计、定价、包装、促销等一系列营销活动。一般来说，被发达市场接受的品牌，会比较容易进入相对低端的市场，但也因具体产品定位和不同国家政策而异，不能一概而论。

第三，从实施难易程度和国际化程度来看，品牌国际化形式可分三种：最容易实现的品牌国际化形式是品牌商品的外销贸易输出；资本的输出是较容易实现的品牌国际化形式，是指在国外投资建厂实现品牌扩张；最难实现的形式是无形资产的输出，是通过签订合同，让国外商家获得商标使用权，从而实现扩张。

第四，品牌国际化有力地宣传了品牌志向高远、高度负责的企业形象。企业资源是有限的，并不是每个企业都能够进行品牌国际化，企业不能盲目进行品牌国际化，务必综合权衡企业自身的实力与品牌国际化的投入与回报，统筹运用企业的可利用资源以达到最优，提高实现品牌国际化的成功率。

综上所述，本书认为品牌国际化实质上就是国内品牌如何获取国外消费者的认可并促成购买的一系列营销过程，包括按照国外消费者的消费偏好对品牌包装、品牌名称、品牌形象、品牌文化等要素进行设计和对品牌传播的广告与媒介进行选择。

2.1.3　自主品牌

“自主品牌”是基于后起国家的企业参与国际市场的背景而提出来的概念。在早期欧美企业的品牌发展史上，没有自主品牌和贴牌的区分。美国企业的品牌历史上有“制造商品牌”（Manufacturer Brand）、“商店品牌”（Store Brand）或“私有商标”（Private Label）的区分。这几个概念与自主品牌的含义不同，企业自主品牌战略具有微观背景和宏观背景。

第一，中国等新兴国家的企业主要以贴牌而非自主品牌参与国际市场，贴牌只能被动参与国际市场，促使企业在国际市场争创自主品牌。中国有不少在国内很知名的品牌，在海外市场却没有任何知名度，它在海外市场不是以自主品牌名义销售，而是替国际知名品牌做贴牌生意。

第二，中国企业正在遭受企业规模与软实力的不对等，促使企业在国际市场争创自主品牌。以销售收入计，中国已涌现了一批巨型规模的企业。中国是一个经济大国，却是品牌小国，究其原因，则是中国企业以自主品牌名义在国际市场的曝光率太少，在当地消费者或公众心目中的影响力还很弱。因此，以自主品牌名义在全球市场参与竞争成为了当前规模名列前茅的中国企业最迫切的任务。

第三，中国经济总量与经济影响力的不对等，也促使中央政府从国家战略高度倡导自主品牌战略。自主品牌的出口或海外营销极少，一个国家要掌握世界经济的主导权，就必须有相当多的企业在国际市场拥有自主品牌，因此，当中国的经济总量发展到世界第二时，创建自主品牌应该作为国家战略纳入国民经济发展规划，各级政府在各种场合强调自主品牌战略，是可以理解的，也是完全应该的。不过，创建强势品牌的主角是企业，企业具有创建强势品牌的最大动力，也是最终受益者。

从概念上看，根据学者蒋廉雄和周懿瑾（2012）的研究，自主品牌这一概念相当于国外学者常用的原始品牌制造商（Original Brand Manufacture，OBM）和品牌产品（Brand Product）概念，原始品牌制造商即指产品生产商掌握产品生产设计的核心技术，独立建设产品品牌，选择和建立生产、营销渠道，并进行产品的生产及销售。

2001 年，中国加入世界贸易组织，并以此为起点逐步走向世界经济舞台的中央，从加入世贸组织至今，国家高度重视中国自主品牌的培育，使中国从输出资源和廉价初级产品，逐渐过渡到输出以中国自主品牌为基础的中间产品和最终产品。

本书给出的“自主品牌”概念为企业自身对品牌商标拥有排他性的所有权，以自己专属的品牌名和商标在市场上出售产品或服务。拥有自主品牌的企业叫作自主品牌制造商（Own Brand Manufacturer，OBM），它是相对于原部件制造商（Original Equipment Manufacturer，OEM）而言的。原部件制造商的通俗叫法是“贴牌”，意思是制造商对自己工厂生产出来的产品没有权利贴上自己的品牌名和商标进行营销与销售，而只能将无商标标识的产品交给委托方（或自主品牌商），由委托方贴上自己的商标，以自己的品牌名在市场上进行营销与销售。

2.2 理论基础

2.2.1 品牌国际化模型

品牌国际化的发展主要是借鉴国际化理论（Anderson 等，1998）以及品牌营销理论（Aaker，1991），因此，在总结 Anderson（1998）、Back 和 Seaker（2004）所提出的国际化“五阶段”模型和每一阶段的发展水平，即愿望阶段、程序阶段、行为阶段、国际化阶段和概念化阶段的基础上，结合韩国、中国台湾的制造业发展现状，Blankson（2005）创造性地提出了品牌国际化发展的阶段模型（见图2-1），并且针对每一个阶段的使命、战略和问题做出了详细的分析和说明，虽然所整合模型不能完全合乎新疆企业的发展现状以及趋势，但是在一定程度上仍具有相当的借鉴价值。

以海尔公司品牌国际化路径为例来进一步阐释该理论：

阶段一，品牌的预国际化阶段，在本国市场培育强势品牌。母国市场的资源和环境条件对于国际化过程有重要影响，全球品牌在母国市场也一定是强势品牌（Quelch，1999）。新疆企业的特变电工、金风科技就是如此。因此，在第一阶段，企业应该将生存作为首要目标，尽管这一阶段收入的主要来源可能是自己的

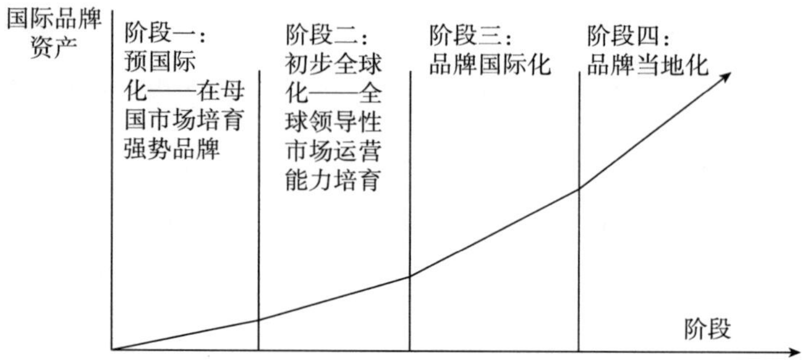

图 2-1　品牌发展阶段模型

品牌的出口或者 OEM 加工。在第一阶段后期，企业要集中精力发展为本土的强势品牌。随着在第一阶段国内市场的成功，企业应该计划在海外市场有效利用其竞争优势来扩大海外销售（Gurau，2002）。20 世纪 80 年代中后期到 1991 年的海尔，就处于这个阶段。

阶段二，品牌初步全球化。这一阶段的主要任务是将产品打入世界三个主要市场——美国、日本和欧盟，同时，尽量迅速进行扩张并且在当地建立品牌优势。在第二阶段，企业现有能力的提升使发达国家的技术支持越来越少（Korbin，1997）。企业应逐渐减少 OEM 品牌的使用，因为一定程度上，品牌国际化发展会阻碍企业在 OEM 市场的品牌潜力。1992～1998 年的海尔处于这个阶段。

阶段三，品牌国际化。在第三阶段，企业开始聚焦于在国际市场发展其自有品牌。在美国等市场上，继续沿用海尔品牌取得品牌国际化成功外，2006 年，海尔在意大利创建了卡萨帝这个自主高端国际化品牌，就预示着海尔品牌国际化进入了一个高级阶段。

阶段四，品牌当地化。在全球三大市场建立良好的品牌信誉之后，企业逐渐聚焦于第三世界的品牌发展，包括发展中国家和欠发达国家，品牌国际化的逐渐成功使企业成为产业中的领导性企业。海尔国际化发展的目标是成为“国际化的海尔”“三位一体”和“三融一创”的本土化经营路径，即实现设计、制造和营销的当地化，并且能够实现当地融资、当地融智以及当地融文化，创海尔世界名牌，即张瑞敏总结的“思路全球化、行动本土化”，2006 年以来的海尔处于这个阶段。

2.2.2　国际生产折衷理论

1977 年，英国学者邓宁首次提出国际生产折衷理论（简称“OLI”理论）。这个理论借鉴和吸收了许多其他理论的优点，很好地改善了其他理论的不足。该理论的提出大大地促进了企业国际化理论的发展，并为企业国际化问题的实证分析创造了条件。因此，该理论在相关理论的发展过程中发挥了重要作用。该理论由三个要素组成：所有权优势（Ownership）、区位优势（Location）以及内部化优势（Internalization），在学术界被称为“国际生产综合理论”，又被称为“三大优势理论”。

2.2.2.1　所有权优势

所有权优势实质上是不同种类资产带来的优势，即在竞争中的优势或因垄断而获得的优势。企业进军国际市场的动机与它所掌控的资产或垄断技术优势的大小成正比。国际生产折衷理论指出，与企业所在国以外的国家相比较，所在国的企业所有权优势有三种：一是国际化企业在技术输出与吸收方面的优势。集团企业往往会依靠母公司组成一个大型的网络系统来实现信息的传递，且传递的信息是海量的，这些信息包括便宜的原料、新的技术方法、高效的营销手段、客户信息等。联合的大型网络系统使信息能快速地实现共享，这在很大程度上节约了销售成本以及产品研发成本，提高了企业的效益。通常情况下，母公司在除生产以外的其他地方成果越突出，其子公司在国际市场上就越有竞争力。二是降低市场竞争压力，从《新竞争者的壁垒》（乔·S. 贝恩，2012）一书中我们能清楚地了解到，企业在阻止新的竞争力量进入自己所在市场这方面是具有优势的。该书指出，那些企图挤进某一市场的企业往往规模不大，在与已经占有市场的大企业竞争时鲜有优势，比如在一些诸如技术、专利、商标等隐形资产上面就没有什么优势。正是上面这些劣势造成了进入市场的高要求、高条件以及很难获得核心资料；也正因为如此，那些市场内的更具竞争力的企业会为潜在进入者设置重重阻碍。三是随着企业不断地开拓国际市场，当达到相应的规模时，就会覆盖更多的国家，并且在不同国家表现存在差异。这种差异越大，企业在世界范围内控制的资源就越广泛。当某个国家在企业所涉及的某一方面具有优势时，企业就会给这个国家的子公司分配相应的生产资源和生产资金以达到最优配比，这种优势是其他企业所无法企及的。

2.2.2.2 区位优势

企业对外直接投资并不是仅由内部化优势和所有权优势决定的，但这两个优势又是必不可少的。在这两种优势的基础上可以在国内大规模生产后再出口到其他各国，而没有必要直接在国外投资。所以前面两种优势是区位优势提出的前提。当国际化企业的出口利润不如在国外直接投资所得利润高时，企业会更加青睐于在国外直接进行投资，这就是区位优势。这主要是因产品各因素（如劳动力成本、原料、政策等）廉价、外贸受到阻碍（如运费高、贸易壁垒等）而引起的。一段时间后，区域优势就会吸引企业在国外直接进行投资。

结合以上解释，我们能看到国际生产折衷理论的思维逻辑：第一，要想在全球范围的竞争中获胜，企业自身独特的所有权优势必不可少。这是因为国际要素和产品市场都不成熟，而这同时会造成全球化贸易过程中成本的增加。第二，在国外直接进行投资并不是企业拓宽国际市场的唯一方法，还有发放许可证这种方法，而企业的内部化优势又造成了企业只使用直接在国外进行生产贸易这种方法。第三，企业有了上面的两种优势后就可以进行国际化经营了，但这不能很好地说明为什么企业青睐于直接在国外进行投资而不是对外出口，从区位优势的角度来考虑就很好理解。总的来说，国际生产折衷理论部分说明了国际化企业在国外直接投资所需的条件及原因。

邓宁（1977）认为国际经营方式与其所具备优势的关系如表2－2所示。当企业同时具备所有权优势、内部化优势和区位优势时，企业才可对外直接投资。当企业缺乏海外的直接投资场所，而具备所有权优势和内部化优势时，应当选择在国内生产优质产品出口至国外企业不具备内部化优势的领域。仅有另外两种优势时，在选择对外直接投资的同时逐渐向复合一体化战略目标转变，从而创造内部化优势。向综合性跨国公司转变的企业仅有所有权优势时，则只能进行技术转让的国际经济活动，在不断的发展探索中寻求其他优势。

表2－2 企业进入国际市场的条件

进入方式	所有权优势	区位优势	内部化优势
直接投资	有	有	有
出口销售	有	无	有
特许经营	有	无	无

2.2.2.3 内部化优势

邓宁（1977）指出：企业有时候一定要占有不同种类的资源，但不是只有这一点决定着企业在国际上的竞争力，还有企业对资源优势在内部利用的能力以及愿望，这些都决定着一个国际企业的竞争力。一些程序或渠道以前是由市场来决定的，企业把它吸收后代替了市场交易而在内部进行交易，这样企业获得的收益较之前的市场交易获得的收益就更加稳定了。根据内部化理论可知，企业内部化旨在节约成本以及补充市场，这是市场分配机制的不完善导致的。这些“不完善”集中表现在公共管制以及价格机制方面，而结构性市场与认识性市场组成了价格机制，当市场信息或相关产品的信息的获得不是很简单或需要代价时，或者说因为市场的长远发展趋势不可捉摸而造成市场疲软时，我们称之为认识性市场不完善。此时，买卖双方都有顾忌，买方关心的是产品质量问题以及交货时间问题；卖方怕自己与买方定价悬殊，同时还担心市场对价格歧视的排挤、信息安全成本过高和技术封闭。当结构性市场不完善时，会造成交易成本相对较高。

这是因为双方或多方在竞争时会消耗掉不少资源（如竞争障碍、租金等），同时，公共管制也干扰着外部市场的问题。从税收方面来看，邓宁指出，所有企业的目标都是使自己的利益最大化，而如果把税收考虑在内，那么企业考虑的就是除去税收后的利益尽可能大了。当企业交的税越少时，税后利润就相对越大；而不同的国家的税率一般不同，那么国际化企业就会尽可能地在税率最低的国家进行生产活动。

总的来说，一些程序或渠道以前是由市场来决定，企业把它吸收后代替了市场交易而在内部进行交易，这样企业获得的收益较之前的市场交易收益就更加稳定了，这就是企业内部化优势；而通过这些优势，企业能弥补市场不足，减少成本支出以及提高利润率。

2.2.3 我国企业品牌国际化模式

宋永高（2003）按照进入国际市场的难易程度，将品牌国际化分为先易后难模式、中间路线模式和先难后易模式。①先易后难模式：在选择进入海外市场时首先进入不发达国家，其次进入中等发达国家，最后进入发达国家。先易后难模式的主要优点是投资较少，相对容易进入目标市场，较快地创建品牌形象；缺点是在不发达国家建立的品牌形象很难被发达国家市场所认可。采用这种模式的典型企业是TCL。②中间路线模式：先进入中等发达国家的市场，在该市场上获得市场经验后再进入发达国家，从而缩短品牌创建的时间，降低品牌创建的难度。采取该模式的企业是华为。③先难后易模式：先进入发达国家的市场，然后再进入相对容易的其他国家市场。因为一旦品牌能够在发达国家树立，那么可以说该品牌获得了世界的认可，之后再向中等发达国家及发展中国家市场发展将变得易如反掌。但可以想象的是，该模式需要大量的时间成本和资金成本，同时拥有较大的风险。采取该模式成功的企业有青岛啤酒、海尔电器。

周菲（2004）从国内企业国际化的案例角度出发进一步丰富了以上理论，总结出了国内品牌国际化的五种模式：海尔模式、TCL 模式、华为模式、格兰仕模式、同仁堂模式。关辉和谢颖（2006）在总结前人研究基础上根据当时我国市场情况，将品牌国际化进入模式分为以下三种：单一自主品牌国际化（海尔模式）、通过并购国际知名品牌实现品牌国际化（联想模式）、独立的品牌策略与相互合作的品牌策略相结合，多品牌进入国际市场（TCL 模式）。岳劲（2010）提出企业在跨国经营中，特别是中国企业在进入西方发达国家的市场时，通过寻求合理化战略来提升自己的品牌资产是一个非常有利的手段。合理化战略则可从规制、规范和认知等五个层面入手，无论是规制层面还是认知层面的合理化战略都会影响发达国家消费者对企业品牌资产的评价。

总体来说，海尔模式为单一自主品牌国际化模式，通过“三位一体”来实现“三融一创”，即融资、融智、融文化，创出国际化名牌的目标是提高其产品竞争力。选择“先难后易”的国际化模式，同海尔对企业国际化经营的理解、国际化经营的动机和目标有着密切的关系。在这些方面，海尔同中国其他的家电企业有着完全不同的理念。在海尔看来，企业出口的目的并不仅是为了创收，更重要的是出口创牌，海尔国际化的最终目标是创海尔国际名牌。

TCL 模式采用的是“先易后难”式，属“农村包围城市”战略，体现了“TCL”人稳扎稳进的务实哲学观点，成就了“TCL”成为中国家电行业中国际化最显著的企业。TCL 的“先易后难”战略，先从与中国文化背景相同或相近的东南亚国家入手，从自己产品占有相对优势的越南、菲律宾等国市场开始，占领市场，树立品牌，培育品牌知名度和品牌形象，积累丰富的国际化经验，储备足够的国际化人才，熟悉国际化规则，积蓄实力，然后再一步一步有步骤有计划地向发达国家市场扩张，在有充分准备的条件下开拓发达国家市场，规避企业风险。

华为模式以打造原创技术产品为主要目标，以研发高新技术成果为其积聚优势。

格兰仕模式使用贴牌战略（OEM），即为了占领外国市场不惜将自己的产品贴上外国企业的牌子，一开始就把战略目标定位在“对跨国公司而言属于低附加值的长线型成熟性产业中，快速做大、做强，成为最强的专业化家电产品供应商和服务商”。

同仁堂模式进入策略采取的是“由近及远”式，首先考虑了周边地区在文化和民族性格上的相近性，首先立足中国港澳台地区，然后是东南亚地区，再向欧美等地区拓展推广品牌。

吉利模式是指完全收购外国品牌的一种模式。吉利汽车在完成内向国际化方面走在了所有中国汽车企业最前端，在外向国际化方面，吉利汽车近几年不断加大在海外投资建厂步伐，产品出口 50 多个国家和地区，吉利汽车走在了内向国际化和外向国际化同步进行、螺旋上升的道路上。

第3章　新疆本土企业国际化发展调研

3.1　调研目的

新疆维吾尔自治区发改委统计数据显示，截至2016年底，新疆境外投资企业550家，项目分布在40多个国家和地区，主要集中在哈萨克斯坦、吉尔吉斯斯坦、塔吉克斯坦、乌兹别克斯坦、土库曼斯坦中亚五国。近年来，尤其是西向开放、经济全球化的进程加快，特变电工在转型升级中加快“走出去”，在“走出去”实践中促进转型升级，实现了企业的快速国际化发展。目前，特变电工的产品和服务遍布全球60多个国家和地区，将中国先进的电力技术和标准与世界各国共享。在中亚、中欧等31个国家，特变电工提供了涵盖电网、电源建设的成套项目总承包服务，尤其是特变电工的特高压、超高压技术，已成为一张亮丽的“中国名片”。

巴赛斯商业银行作为格鲁吉亚唯一一家可以用人民币兑换各种货币的银行，不仅给许多“走出去”经商的中国客商带来了极大便利，也为当地金融发展做出了积极贡献。自华凌集团在格鲁吉亚收购巴赛斯商业银行以来，该银行排名已由收购时的第11位上升到第8位，营业网点达到19个。截至2018年底，华凌集团累计向格鲁吉亚投资5.33亿美元，其中，投资建设的华凌自由工业园区和华凌国际经济特区项目均进展顺利。

2015年11月，新疆中泰（集团）有限责任公司联合兵团建工集团各出资50%成立了新疆中泰新丝路农业投资有限公司，投资20亿元在塔吉克斯坦建设中泰新丝路塔吉克斯坦农业纺织产业园项目。2017年，一期项目作为塔吉克斯坦国家项目和中塔合作重点项目已建成投产。

2017年上半年，新疆外贸发展喜获佳绩——进出口同比增长41.9%，高出全国外贸额增速22.3个百分点。2017年新疆实现外贸进出口额1398.4亿元，同比增长19.9%。其中，出口1200.4亿元，增长16.5%；进口198亿元，增长45.8%①。2017年，乌鲁木齐、伊宁和喀什是新疆主要外贸地区，出口以机电产品、传统劳动密集型产品为主，进口以资源性产品和农产品为主。其中，新疆与哈萨克斯坦、巴基斯坦和蒙古国外贸增长强劲，分别实现外贸增长52.6%、62.1%和86.5%。截至2017年8月10日，新疆上市公司51家，其中，农业企业9家，工业企业31家，服务企业11家。新疆工业企业数量相对较多，是新疆本土企业品牌国际化的领头军。

新疆品牌国际化虽然取得了长足的进步，然而出口产品主要是机电产品和劳动密集型产品，新疆本土企业的品牌国际化还有待加强，对于新疆本土企业品牌国际化的战略选择还需要深入的调研，新疆本土企业“走出去”的同时如何更好地完成新疆本土品牌的输出，是值得我们思考的问题。通过调研了解新疆本土企业品牌国际化的驱动因素、影响因素及品牌国际化战略选择，分析新疆本土企业品牌国际化的模式，找出适合新疆本土企业品牌国际化的道路。

---

① 资料来源：乌鲁木齐海关统计数据。

3.2　调研设计

3.2.1　问卷设计

问卷由三部分组成，第一部分为企业的基础信息，了解了企业的产品、品牌和企业性质。第二部分为企业品牌国际化的相关信息，首先了解企业的国际化市场的动因、进入方式、国际化程度以及国际化的时间；其次深入地调查了企业国际化过程中的品牌战略选择；最后，对企业国际化战略实施情况及其在品牌国际化过程中遇到的困难进行了调研，希望能够针对企业在品牌国际化过程中遇到的困难，提出有参考价值的对策建议。第三部分为问卷填写者的相关信息，根据问卷填写者的职位判断问卷内容的可靠程度（见附录一）。

根据对新疆本土企业品牌国际化的初步调研，锁定问卷调查对象为已经进行品牌国际化和在未来3~5年有计划进行品牌国际化的新疆本土企业。2017年11月至2018年3月，在全疆的各地州及兵团14个师市，分别选择几家具有国际化实践经验和拥有国际化实力并计划在3~5年实施品牌国际化的企业，共发放问卷55份，剔除掉无效问卷和企业实力还未达到品牌国际化能力的企业问卷，收回有效问卷为22份，其中有特变电工、金风科技、新疆天业、新疆华凌等已经在国际化道路上有所成就的新疆本土企业，也有新疆天富国际经贸有限公司、新疆前海集团有限责任公司、新疆珍果饮食品科技有限公司、塔城荣智食品工业有限公司、新疆永盛国际物流有限责任公司等具有品牌国际化发展潜力的公司。

3.2.2　访谈设计

访谈的内容包括三个部分：第一部分为企业所在行业的情况，了解企业在本行业中的市场份额和品牌优势以及企业所在行业的成长空间和企业在行业中使用的竞争战略。第二部分为企业的概况，通过现场调研和访谈了解企业的经营范围、供应商情况、品牌策略和企业管理团队。第三部分为企业的国际化进程，通过对企业高管的访谈，了解企业的国际化进程，在国际化过程中取得的成就和遇到的困难，深入地调查企业的国际化战略规划和企业国际化过程中的影响因素（见附录二）。

本书对新疆本土企业各行业中发展比较好的企业进行了实地调研，并对企业高管进行了现场访谈。在乳制品行业中访谈了天润乳业和西部牧业的企业高管，在化工行业中访谈了新疆天业、中泰化学的企业高管，在林果业中访谈了新疆果业、冠农果茸、叶河阳光等，共访谈企业 20 个。

3.3 调研结果分析

3.3.1 新疆本土企业国际化的驱动因素

Jeannet（1992）从规模经济角度提出为了实现规模经济、规避国内市场不景气，企业会进行国际化。Oviatt B. M. 和 Mcdougall P. P. （1994）从竞争战略角度提出企业为应对国内行业中的激烈竞争，对世界范围的竞争者和消费者快速反应、在世界范围内抢先竞争和设立标准，企业会进行国际化。著名品牌研究学者凯文·凯勒（1998）认为，品牌的全球化经营是一系列的战略决定，包括进入哪个市场、如何进入该市场、决定营销活动与决定营销组织机构。Etemad 和 Wright（1999）提出国内有限的资源会促使中小型企业向外寻求资源。

有学者从运营经济学的角度认为为了达到规模经济、更低的成本和价格、更高的质量以及避免国内市场不景气时，企业会选择国际化（Coviello和McAuley，1999）。有的学者提出为能够对世界范围的竞争者的行为及消费者的需求做出快速反应，避免国内激烈竞争及市场惰性，企业会选择国际化。有的学者从国际化经营战略角度提出中小型企业因国内资源有限向外寻求资源，而国外的合作伙伴同样会向其提供资源（Hakansson和Snehota，1989）。从企业国际化影响角度来看，有的学者分别从国际市场自由度、信息交流技术及国际合作资源利用三个方面总结出国际化动因，认为国际化可避免直接和激烈的市场竞争，为企业提供更大的机会，满足企业边界扩大和相互联系增多的需要，跨越时间和距离对中小企业的影响，减少企业规模限制，增强企业的生存能力（樊增强和宋雅楠，2005）。

在以往学者对企业国际化的动因研究的基础上，结合新疆本土企业的实际情况，将企业国际化的动因分为：资源导向型、市场导向型、效率导向型、机会导向型、政府推动型。

通过调查发现，54%的新疆本土企业品牌国际化的动因是为了占领更多的市场，如金风科技、新疆天业、新中基、冠农果茸等；23%的企业的国际化动因是为了寻求更多的国际合作资源；除此之外，由于实现国际化的新疆本土企业45%为国有企业，其实施品牌国际化的很大原因是政府的推动作用，如新疆兵团勘测设计院（集团）有限责任公司、特变电工、天业节水、中泰化学和塔城荣智食品工业有限公司，这也是很多新疆本土企业迈出国门的主要推动因素，可见，新疆维吾尔自治区政府对新疆本土企业品牌国际化具有很大作用。

3.3.2 影响新疆本土企业品牌国际化的关键因素

3.3.2.1 企业家是品牌国际化的主体性影响因素

企业家在企业国际化中起到了重要的作用。面对走向国际所存在的优势和劣势，企业家必须决定是否进入国际市场、何时进入国际市场以及如何进入国际市场。企业家和管理者的认识受到商业环境的影响，是有限理性的，认识上的偏见会影响他们的决定。企业家的受教育水平、专业技能、成败经历都会显著影响其风险估计，也可能决定企业家如何定义和评估国际市场的机遇。新疆三宝实业集团的法人康和平便对该集团的国际化发展影响巨大，康和平 1980 年从电工专业毕业后留校任教；1984 年调到塔城地区团委工作，1987 年从团中央大专班毕业，所学专业是青年思想教育；到辞职下海共在政府机关的岗位上服务 16 年。三宝实业集团的前身是地区团委下属的三产企业——塔城地区青少年服务公司，康和平当时作为地区团委书记，顺理成章担任了企业法人，一辆破旧的 212 型吉普车、几张办公桌当注册资本，3000 元流动资金，这就是康和平 1992 年起家时的全部资产。1993 年下半年，巴克图口岸滞留大量外商，康和平安排业务人员接触滞留口岸的外商，谈判以市场价进行易货。一时间，巴克图口岸 80% 以上的钢材，都成了三宝实业集团的货物。在康和平看来，今天的成绩，一靠创新，二靠诚信。在发展中创新，在诚信中发展，是三宝实业集团兴业立企的两个基本点。正是企业领导人康和平对企业国际化的推动以及他坚持的诚信和创新影响了企业，三宝实业集团才会在国际化的道路上越走越远。

3.3.2.2　政策政局是品牌国际化的外部性影响因素

企业的国际化模式会受到目标国家和市场、自己所在国家的政策因素影响。政治局势稳定、经济发展良好、法律制度完善、社会结构稳定、文化环境包容性好的国家和市场，更容易吸引外资品牌的进入。如果目标国政局动荡、文化包容性低、犯罪率高、进入壁垒多，则选择进入这样的市场的外国企业就少。现在，政府鼓励我国企业拓展海外市场，并出台了相应的优惠政策，为新疆本土品牌国际化提供了非常好的机遇。

3.3.2.3　价格优势是品牌国际化的催化性影响因素

新疆本土企业的主要出口产品为棉纺织品、农产品以及机电产品，这些产业都属于典型的劳动和资金密集型产业，新疆大量的剩余劳动力基本上可以满足当前企业的用工需求。加上新疆目前为经济欠发达地区，远离内地东部能源消费中心，人工成本相对较低，这使新疆出口制造企业的产品具有价格优势，从而成为了新疆本土企业打开国际市场的“敲门砖”，成为了本土企业品牌国际化的“催化剂”。

3.3.2.4　原产地形象是品牌国际化的差异化影响因素

新疆的大部分企业仍然以贴牌生产为主，企业自有品牌在国际上的知名度较低，外国消费者大多只知道中国制造，而不认识中国品牌；长期贴牌生产，使新疆本土企业忽视了自身品牌的发展，为他人作嫁衣。品牌的认知度缺乏，使得新疆本土品牌在进入国际市场的时候，并没有起到有效的推动作用。在品牌方面，品牌原产地形象也是重要的竞争因素。在国际事务中，一个国家的形象会影响这个国家在对外经济贸易中的地位。一旦产品被打上质量不高、价格低廉等标签，再想去除这些固定思维带来的负面影响，又需要花一番大力气。目前，在中亚国家和俄罗斯，由于20世纪八九十年代假冒伪劣商品在这些地区盛行，造成了严重的负面刻板印象；近年来，虽然华为、小米、特变电工、中国银行等品牌改变了不少这些地区对中国品牌的负面认知与形象，但整体印象并不乐观，为品牌国际化带来了挑战。

3.3.2.5　文化共通是品牌国际化的共情性影响因素

新疆本土品牌在进军国际市场时，要注意中国与目标国家或市场的文化差异。在设立品牌形象时，一定要充分考虑当地市场的文化，如我国与欧美国家无论是风俗、语言、宗教信仰，还是教育、审美、消费习惯等方面，都有很多的不同，如何将新疆本土文化、中华文化以一种当地人们能接受的方式呈现，是新疆本土企业需要研究的课题。

新疆与中亚文化存在共通性，中亚地区的整体文化与新疆有很多相似之处。新疆本土企业应在品牌国际化的过程中，充分运用中国文化，使之成为品牌国际化的推动力。新疆自古是一个多民族聚居地，共有47个民族，其中有13个世居民族，他们不但语言文化相通，而且在长期民族迁移和交往中，始终保持着亲缘关系，这种民族多样性、文化多元性及跨界民族现象，为新疆本土企业在中亚地区的跨国推广提供了可能。比如，从饮食方面来看，两个地区日常的饮食都为拉条子、烤肉串、馕饼、马奶、干果等食物；从服饰方面来看，两个地区都有着艾德莱斯绸、鹿角纹、各种花帽、毡帽等衣服与装饰；从音乐与乐器方面来看，两个地方也都有木卡姆、坦布尔、都塔尔、萨巴依、阿肯弹唱等传统乐器或者声乐表演形式。因此，新疆地域民族文化与中亚文化在宗教及习俗上的共通之处促进了新疆对外贸易的长足发展。近年来，中国的国家地位不断提高，许多国家越来越重视与中国的经济贸易往来，很多国家更是掀起了“中国热”“中国风”，中国文化和中国元素越来越受到国际社会的欢迎。

同时，我们必须明确，文化冲突会影响制约企业的国际化发展，文化冲突是指不同形态的文化或者文化要素之间相互对立、相互排斥的过程，它既指跨国企业在他国经营时与东道国的文化观念不同而产生的冲突，又包含了在一个企业内部由于员工分属不同文化背景的国家而产生的冲突。企业在国际化经营的过程中或多或少都要受到文化冲突的影响，就连世界著名的微软也在国际化中因对文化冲突的疏忽而损失惨重。微软过去因忽略异国文化差异，导致损失订单，甚至产品全数回收的案例不少。新疆企业新中基收购法国普罗旺斯食品公司后连年亏损，其中，很大一部分原因就是新中基和普罗旺斯食品公司内部管理存在文化冲突。

3.3.3 新疆本土企业品牌国际化现状

20 世纪 90 年代开始新疆的企业逐渐开始了国际化发展的脚步，在中国加入 WTO 之前，新疆品牌国际化以国有企业为主，而在加入 WTO 后，民营企业不断迈向国际市场。

3.3.3.1 新疆本土企业未能把握“走出去”先机

新疆多数企业生产、销售离不开进出口业务，这些企业利用地缘优势，加大产品出口，由此缓解国内激烈的市场竞争。新疆虽是我国与中亚以及中东联系的重要枢纽，但多数真正“走出去”的企业却不是新疆本地企业，新疆在一定程度上成为了我国与国际间交往的渡口，本地企业的企业家在改革开放的最初未能及时利用新疆在国际交流中的便利性，也便失去了扩大市场的机会。

3.3.3.2　本土企业国际化不断求新求变

在我国经济、科技发展的不断带动下，新疆本土企业国际化也发生了转变。就投资主体而言，新疆的对外直接投资由国有企业转向民营企业。这主要是因为，一是民营企业中技术密集型的科技产业发展迅速；二是民营企业并购的大项目在近年来不断攀升；三是民营企业与国有企业相比更具有灵活性。就投资对象而言，新疆企业仍旧以中亚、中东国家为主要投资目标，但新疆的一些龙头企业，如特变电工、金风科技等，已着手对欧美等发达地区进行投资。

3.3.3.3　新疆众多龙头企业总体上缺乏品牌优势

新疆的很多龙头企业拥有先进的技术和设备，但多为化工企业，且缺乏品牌优势，不过也有例外，比如特变电工的输变电设备、光伏新能源在国内外领先；新疆众和在电解铝生产领域中有着国内较高水平的生产能力与节能水平；新研股份生产的收割机也获得了自治区级以及国家级奖项。诸如此类领头企业相较于其他企业，也有着较好的创新能力，在科研以及人才培养等方面有着较高的投入，如特变电工已成立专门的研究基地。

3.3.3.4　发达国家市场仍未取得根本性突破

整体而言，中国对外投资仍旧聚焦周边国家市场，新疆本土企业国际化市场以中亚地区、中东地区为主，并未实质性占领发达国家市场。新疆本土企业的产品的业务范围主要集中在制造业、批发和零售业、煤炭和石油天然气开采业、金属和非金属矿开采业、水利水电路桥建设等；国际化的深度还比较浅，承担较多价值链环节的境外子公司数量较少，国际化的速度较为缓慢。同时，新疆本土品牌的国际化多数以与邻近国家之间的进出口贸易为主，其主要目的是扩大产品市场，缓解国内市场竞争带来的压力，满足资源需求，降低企业的生产成本，并不是以走向国际市场，开启全球化道路为目的；对外直接投资缺乏技术含量，投资区域也相对较为集中，以中亚地区和中东地区为主，企业整体缺乏“走出去”动力。特变电工、金风科技等领头企业，在拓展国际化经营的道路上，已走出了以出口为主要国际化方式的境地，但主要的国际市场依旧以中亚地区、中东地区为主，还未真正走向发达国家市场。

3.3.3.5 新疆本土品牌的国际化程度仍处于初级阶段

新疆目前已涌现出一批国内外知名的优秀品牌，如制造业领域的新疆特变电工、金风科技；服务业领域的广汇、友好；进出口领域的野马、三宝、欣贝；农业领域的新疆库尔勒香梨、冠农果茸、中粮屯河、新中基；轻工业领域的新疆天业、新疆众和、伊力特；纺织业领域的天山毛纺织等，这些品牌都已成为新疆企业国际化发展的新动力。越来越多的新疆企业在向外走时，已经能够脱离国家提供的政治给养，比如部分项目可以做到本地化融资。典型例证就是金风科技，近年来，其在数个海外项目中获得国际金融机构的融资。

总体上看，新疆企业缺乏国际名牌，长期以来只能在国际市场上进行低价格竞争，不利于新疆企业效益的提高。新疆商标知名度整体偏低，拥有注册商标和驰名、著名商标总量少，含金量不高。新疆的品牌建设存在企业的质量品牌意识和品牌培育能力不强的问题，新疆的各个行业缺乏在国内乃至国际耳熟能详的知名品牌。实事求是地说，新疆本土品牌当前的国际化程度并不高，新疆的国际化仍然处于初级阶段，多数企业只是初步具备了参与国际竞争的能力，处于品牌国际化模型中的预国际化阶段，企业应该将生存作为首要目标，尽管这一阶段收入的主要来源可能是自己的品牌的出口或者 OEM 加工，企业仍应集中精力，发展为本土的强势品牌。

3.3.4 新疆本土企业品牌国际化过程中存在的问题

3.3.4.1 新疆的本土企业国际化多以出口为主

企业在国际化经营的过程中必须置身于东道国环境当中，否则无法对东道国复杂的法律、社会环境有全面的把握，也就无法实现企业的全球化，更无法形成有效的国际竞争力。多数企业仅以外贸企业的代理为主，缺乏“走出去”的积极性，这种国际化途径虽然在“走出去”成本、风险方面有了一定降低，但不能为企业形成真正的市场，企业不能及时对东道国市场的变化进行及时的感知，同时，企业也无法具体对东道国市场中的竞争对手进行全方位的了解。企业在简单的出口中，不能形成良好的国际化经营理念；由于缺乏主动经营的经历，也不能获得良好的国际化经营经验。摆脱仅以出口为主的国际化经营方式，深入开展对外直接投资，能对企业结构，包括企业生产结构、人员结构的优化提供动力。

3.3.4.2 专业的国际化人才非常匮乏，人才引进困难

新疆本土企业国际化过程中由于国际化人才的制约而发展受到限制。新疆人才资源短缺，对于国际化企业来说，专业国际化人才有着巨大的推动力，但目前新疆国际化人才的缺口尚不能得到满足，调研中很多企业表示，在品牌国际化过程中遇到的困难是语言障碍和国际化人才的缺失。与我国发达区域相比，新疆高校的教育输出在质和量方面都存在不足，同时，新疆由于地理、经济现状等方面的原因影响，不能做到有效的人才引进，这也就造成企业招不到高素质的国际化人才；再加上企业本身人才培养机制不够完善，也无法对现有人员进行良好的培养。

3.3.4.3 企业品牌意识薄弱，品牌资产价值较低，自主品牌不足

首先，新疆商标知名度整体偏低，拥有注册商标和驰名著名商标总量少，欧盟认证等国际认证拥有的品牌很少，含金量不高。尽管新疆已有多家企业通过国家品牌标准认证、驰名商标认证，企业认证数量在西北五省排名第一，但存在的

问题也不容小觑。新疆的品牌建设存在企业的质量品牌意识和品牌培育能力不强的问题，新疆的各个行业缺乏在国内乃至国际耳熟能详的知名品牌。

其次，新疆本土企业的产品附加值低、生产技术不足且不能完全自主生产，导致企业的盈利空间有限。新疆本土企业由于组织规模、产品特性等方面的不足而不能在主流市场中占有一席之地，在业务方面又不能相应地进行多元化战略，同时，多数企业缺乏有效的投资、融资通道；因此，企业在现有的市场中不能拥有独特的资源优势，也无法有效利用所经营领域扩充市场占有率，也就无法有效提升企业品牌价值。

最后，新疆民营企业很少具有新疆独特的自主性品牌产业，并且仍存在一些民营企业对产品质量、环保、产品品牌影响力等方面的重要性缺乏足够的认识，有些企业甚至制造假冒伪劣产品出口到其他国家，对新疆民营企业“走出去”造成了不良影响。

第4章 新疆本土企业品牌国际化战略选择

4.1 品牌战略选择

4.1.1 OEM、ODM与OBM

OEM指一家生产厂家按照另一品牌商的生产要求，为其生产特定产品或这些产品的配件，也可称之为定牌生产、委托加工、授权贴牌生产等。是一些品牌企业降低成本，提升产品利润价格的常见做法。目前，新疆许多中小企业都是通过贴牌生产来达到大量销售，打开市场的目的。美克家居股份有限公司最初也是通过OEM的国际化经营模式打开国际市场的。

ODM指合同制造商不仅提供制造、组装服务，还能根据品牌厂商的设计要求，承担部分甚至所有产品的研发、设计和后期维护服务。

OBM指产品制造商通过自行创建的产品品牌和营销渠道，销售其所生产的产品，OBM企业拥有了自己的品牌，能够运用自己的品牌进行产品生产并销售，这就几乎覆盖了价值链的各个环节，产品附加值高，因此，OBM 企业获利远远高于 OEM 企业和 ODM 企业，当然，存在的风险和成本也相应地提高。三者对比如表 4－1 所示。

表 4－1 OEM、ODM 与 OBM 对比

	OEM	ODM	OBM
主体	委托方、OEM 企业	委托方、ODM 企业	OBM 企业
产品	指定产品	配方产品	成品
产品决定权	委托方决定	双方共同决定	OBM 企业自行决定
主要职能	生产制造	产品设计、开发、生产制造	产品研发、设计、制造、品牌营销、销售
企业竞争力	低成本、高生产率	低成本、高生产率、产品设计能力强	产品研发设计能力强、拥有品牌及营销渠道
利润及风险	低利润、低风险	较高利润、较低风险	高利润、高风险

可供新疆本土品牌借鉴的国际市场进入方式主要有以下三种：

4.1.1.1 OEM－ODM－OBM

格兰仕品牌国际化的模式选择，经历了从纯粹做 OEM 或 ODM 到 OBM 的升级过程（韩崇胜和吴先明，2006）。企业在国际化初期，为了防止低端、劣质的产品出现，企业可以采取 OEM 合同安排的战略方法，这是企业进入国外市场的通常做法（Mecum 和 Goldstein，2000；Park H.，Gowan M. 和 Hwang S. D.，2002）。可以通过委托加工业务，按照发达国家的要求生产产品，而获得改进生产技术、管理方法的机会，从而导致其管理能力以及技术水平的提高。同时，长时间的产品出口也可以帮助企业获得相关国家市场信息，对于该市场的顾客需求，竞争状况进行更加全面的了解，积累产品国际市场运作经验。随着企业现有能力的不断提升，发达国家对企业的技术支持将会越来越少（Korbin，1997）。企业逐渐具备了进行自主品牌产品生产以及销售的能力，此时，企业可以逐渐减少 OEM 品牌的使用，通过逐步提高自由品牌的应用范围来扩大品牌知名度，促进品牌的国际化进程。

毛蕴诗等（2004）通过格兰仕案例研究，指出我国企业可以少花投资，引进和集成国际知名企业的设备和技术等优势资源，通过这种“高级 OEM”方式，走低成本、高效率的品牌国际化发展之路。刘志彪（2005）认为，在有条件创建具有自主知识产权的国际品牌之前，我国的优秀企业可以在稳步承接 OEM 的基础上逐步实现从 OEM 向 ODM（自主设计）再向 OBM 的转化，渐进性地发展和创建自主品牌。

4.1.1.2　企业以自有品牌进入国际市场

品牌的国际化经营是逐渐发展的，可以偶尔的出口进行海外经营（Driscoll，1995），当企业品牌在国内市场获得成功之后，企业应计划在海外市场有效利用其竞争优势（Gurau，2002），扩大海外销售，逐渐发展海外市场品牌。国内学者苏勇和孙晓强（2007）在以往国外研究的基础上，总结海尔等成功企业的经营模式，提出“自主品牌应该是由我国企业创新设计，拥有自主知识产权，而且由我国企业控制的品牌”。海尔、华为、小米、新疆天业、特变电工、金风科技等优秀企业就采取了这种品牌发展模式，以自由品牌攻克其他国家市场，并逐步建立研发机构与销售渠道，不断提升自身品牌知名度。通常，要走自主品牌道路就必须选择发达国家市场作为国际营销的目标市场。

4.1.1.3　企业通过兼并国外品牌进入国际市场

企业以兼并或者收购的形式获得当地市场品牌，通过品牌兼并，可以迅速扩大企业规模，从而输出自己的品牌，并且利用其一切资源和营销网络快速扩大品牌影响力。联想、TCL、万向等国内知名企业就采用了此种方式，新疆中基实业股份有限公司便是通过这种方式进入国际市场的。

4.1.2　单一品牌与多元化品牌选择

单一品牌就是一个企业把所有产品都使用同一品牌的情形。分为两种情况：

第一种是一牌一品，指一个品牌下只有一种产品的品牌战略。实施一牌一品战略的最大好处是有利于树立产品的专业化形象，例如金嗓子即采用一牌一品战略，其行销市场多年，依然是最专业的润喉产品之一。第二种是一牌多品，即一个品牌下有多种产品的品牌战略，如海尔，其冰箱、彩电、空调、电脑、手机、医药等均使用同一品牌。新疆天业集团出口的 PVC 等产品均使用天业作为其品牌。

所谓多品牌战略是指一个企业发展到一定程度后，利用自己创建起来的一个知名品牌延伸到发展出多个知名品牌的战略计划，并且多个品牌相互独立，而又存在一定的关联，而不是毫不相干、相互脱离的。中粮屯河就是使用多元化品牌进入国际市场的很好的案例，该公司在国际市场上使用的品牌有屯河牌、番牌、桑好司牌、梅林牌、四方糖等，是中国最大的甜菜糖生产商和世界第二、亚洲最大的番茄加工企业。

品牌构建一般划分为单一品牌及多品牌组合两类形式。对于快销品等产品生命周期较短的行业，目标市场细分程度较高，适合采用多品牌组合的品牌架构，对于产品生命周期较长的行业，如家电等耐用品，则实行单一品牌的品牌架构。值得注意的是，即使采用多品牌组合作为品牌架构的企业，其品牌架构重点也仍然是公司主品牌，并且多以公司名称作为主品牌，树立全球统一的品牌形象，避免了业务多、子品牌分散而争夺资源，最终造成主品牌弱、子品牌强的局面。

4.1.3 自有品牌、外来品牌和嫁接品牌

依据品牌的来源可以将品牌分为自有品牌、外来品牌和嫁接品牌。自有品牌指的是企业结合自身实际情况创立的品牌，企业拥有品牌的所有权、受益权、处置权，需要投入较大资源培育强势品牌，如三星、苹果、OPPO、vivo、华为公司等；外来品牌是指企业利用收购、特许经营或者兼并等融资方式获得的品牌，如吉利汽车收购沃尔沃、联想收购 IBM 的 ThinkPad 品牌等；嫁接品牌主要指通过合资、合作方式形成的带有双方品牌的新产品，如中粮可口可乐、SMG - 匡威

等。根据品牌进入国际市场的方式、品牌的来源和单一及多元化品牌的选择，可以总结出以下三条适合新疆本土企业进行品牌国际化的路径，如图 4－1 所示。

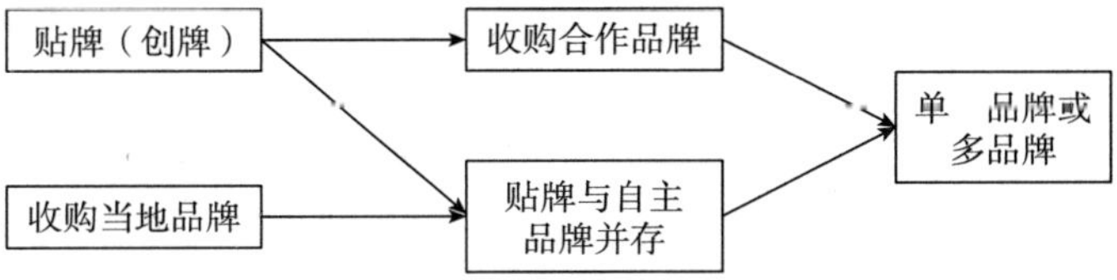

图 4－1　品牌国际化战略路径

对实力不强的中小企业来说，在品牌国际化的初期，通过贴牌，不仅可以比较容易地进入国际市场，而且可以积累资金和国际市场经验，提高获取国际市场信息和开发国际产品的能力，如伊犁卓万服饰制造有限公司，就是通过代工进入国际市场的。当企业的实力提升到一定的水平时，就要根据时机对品牌的国际化战略作出调整。这个时候将面临两种选择，一种选择是当海外中间商和消费者对本企业有了一定的认识后，逐步推出自己在国内市场上使用的自主品牌，也可能是贴牌与自主品牌并存。当海外市场完全在自己的控制之下时，放弃贴牌，统一使用自己的品牌。比如我国的格兰仕，根据最近几年的出口产品总量统计，自主品牌与贴牌之比不断上升。另一种选择是当企业自身有了相当的资金实力时，把曾经与企业有贴牌合作的品牌收购过来，成为自己旗下的拥有自主控制权的品牌。比如万向集团，它收购美国的舍勒公司和欧洲的公司就是这种做法，这两家公司曾经都是万向集团的海外经销商。

在品牌国际化的进程中，当企业对某个海外市场不熟悉时，收购当地品牌是许多企业首选的国际化模式，如新疆中基实业股份有限公司，但收购当地品牌并不意味着企业永远使用该品牌，其目的是为了利用该品牌背后的销售渠道、顾客忠诚和市场知识等战略资源。在加快市场进入步伐的同时，降低市场的进入成本。因此，当企业对这些资源有了相当的控制力或者培育了相似的新资源后，企业就可以对品牌国际化战略做出调整，先让自主品牌逐步渗透进来，在一定时期内收购品牌与自主品牌并存，然后逐步放弃收购品牌，最后统一使用自主品牌。

贴牌创牌—逐步放弃贴牌—统一使用自主名牌，这条路径比较适用于品牌国际化经验少的大中型企业，比较成功的例子是中国的青岛双星，它在国内市场上已有相当的影响力，但其掌握的国际市场知识非常少，国际营销能力薄弱，在实施品牌国际化战略的初期选择了“贴牌创牌”的中间模式，也就是在进入发达国家市场时，产品采用贴牌的做法，而进入非洲和东南亚等国家市场的产品，则使用企业自己的品牌。前一种做法有助于企业尽快积累国际市场知识，收回现金，并且风险小；后一种做法则有利于扩大企业自身的知名度，为将来创全球知名品牌奠定良好的基石。

企业的最终目标是树立起自己的国际知名品牌，所以贴牌的做法主要是为了了解国际市场，增强国际营销能力，是一种过渡策略。当企业的国际知名度逐步扩大后，企业将很快地收缩贴牌的比例并最终放弃贴牌，在全球范围内统一使用自己的国际品牌。

4.1.4 品牌联合与品牌联盟

4.1.4.1 品牌联合

品牌联合是两个（或两个以上的）品牌达成商业合作，在市场上推出一种全新的产品或服务，而且品牌名称中或是包含几个合伙品牌的名称或是创造一个新的品牌名称，代表着一种全新的消费者语言。联合的目的是希望互惠互利扩大企业规模、认可度和知名度。如由索尼公司和爱立信公司联合生产的手机使用“Sony Ericsson”作为品牌名称，联想公司的个人电脑上印有“Intel Inside”的标识，京东和天猫与主打品牌在打广告时进行品牌联合等。品牌联合是一种重要的品牌资产利用方式，对于品牌联合的发起方来说，实施品牌联合的主要动机是希望借助其他品牌所拥有的品牌资产来影响消费者对新产品的态度，进而增加购买意愿，并借以改善本品牌的品牌形象或强化某种品牌特征。

品牌联合和联合品牌是两个有着明显区别又不可分割的概念。品牌联合是两个及其以上企业的战略部署，代表了两家企业之间的运营关系。联合品牌是品牌联合的产物，代表着一个拥有自己的品牌标识和品牌态度的新事物，它与一般品牌的不同之处在于联合品牌诞生时拥有更多的情感和包含品牌信息的消费群体，消费者信任度也比全新品牌要高。

采用这一路径的企业必须各自具备互补的经营资源优势，通过品牌联合不仅有利于培养品牌的国际声誉，而且还有利于拓展企业的业务领域，塑造企业良好的形象，一般为那些已经实现一定程度国际化的企业所采用。需要指出的是，采用这一路径需要处理好使用联合品牌时的利益分配和明确今后的品牌策略及战略走向。

4.1.4.2 品牌联盟

生产同类或相似产品的企业间通过合作或合资方式建立某种形式的战略联盟，通过采用联合品牌的形式共同开辟国际市场。在全球经济一体化的今天，通过品牌虚拟经营本土化，建立广泛的企业生产与经营的市场同盟体，实现共同开发市场、共同分享市场利益。在国际化经营中，企业间实行技术、生产和市场全方位的合作与联盟已是一种发展趋势。在这种趋势下，如何利用本土知名企业或知名品牌创建属于自己的国际知名品牌，一般可采取两种方式来实施：第一种是与现时的国际或本土知名制造商进行品牌联盟。比如中国的TCL与法国的汤姆逊，签署了彩电、DVD业务合并的合同。第二种是与国际或本土知名经销商进行品牌联盟。品牌联盟因其投资少、见效快等多种优势，业已成为企业进行市场渗透或谋求扩张的有效战略手段之一。

借助品牌联盟的产品互补，提升产品的品质，增加消费者的购买意向。通过联盟合适的品牌，企业可以降低进入一个新市场所需的投资、费用支出，使得投入成本最小化。这是因为，一个品牌进入新市场，在各方面都需要大量的资金投资。如果进入市场不当，企业的整体发展将受到影响，原有的市场份额可能失去。通过与理想可靠的品牌合作，能够降低合作风险，降低新产品的进入市场的费用，并实现互利互进，创造更大的价值。新疆三宝实业集团与中国机场建设集团、中粮新疆屯河集团、四川铁骑力士集团等合作，共同“走出去”开拓国际市场；中建新疆建工通过和中信集团合作，搭船出海，实现企业的国际化。

4.2 品牌国际化战略选择

4.2.1 标准品牌国际化战略

这种模式的基本特点是，在所有的营销组合要素中，除了必要的战术调整外，其余要素均实行统一化和标准化，即将全球视为一个完全相同的市场，每一个国家或地区都是具有无差异性特征的子市场。从行业和产品来看，实行这种策略的主要是一些高档奢侈品和化妆品，也有部分食品品牌。这种模式具有充分的根据，国际交通、通信的现代化，使各国之间在地理和文化上的差距逐步缩小，经济全球化促使跨国公司逐步消除国别色彩，国际市场的统一化推动了全球消费品市场的趋同倾向，生活在不同国家的居民更乐于接受相同的产品和生活方式。中粮屯河的大小包装番茄制品就是实施统一化和标准化的生产模式。

4.2.2 模拟品牌国际化战略

即除了品牌形象和品牌定位等重要的营销要素实行全球统一化以外，其他要素都要根据当地市场的具体情况加以调整，以提高品牌对该市场的适应性。我们所说的其他要素，包括产品、包装、广告策划等。从行业来看，比较典型的是汽车行业。例如，“欧宝”汽车在欧洲的销售量很大，但是，除了品牌标志、品牌个性等至关重要的要素以外，从产品的设计到价格的制定，基本实行本土化策略，也就是说，生产什么款式，卖多少钱，全部由通用汽车公司设在欧洲的子公司来决定，总公司不予干预。

4.2.3　标准“品牌”本土化战略

在国际化策略实施的过程中，所有的营销组合要素的出台，都要充分考虑所在国的文化传统、语言，并根据当地市场情况加以适当的调整。这种模式的根据是，文化背景不同，顾客的需求必然存在明显的异质性，加之产品进入国际市场还需解决各国的政治、法律、经济等差异性问题，因此，标准本土化更符合客观实际。例如，美国卡特比拉公司的机械设备在欧洲各国就要符合不同的技术要求，因为这些国家把不同的技术标准作为保护主义的手段，可口可乐的甜味、碳酸水含量实际上也进行了适应性的调整，这种模式会大大增加开发产品、推广产品、营销管理成本和控制难度。

4.2.4　体制决定本土化战略

所谓体制决定是指由于某些产品的特殊性，它们的营销并不完全取决于企业本身，而且要受所在国贸易和分销体制的巨大影响，从而企业只能在体制约束的框架内做出统一化或者本土化的决策。一般来说，这些产品品牌的国际化进程通常要受体制的极大影响，国际化程度也非常低。像美国的电影业，虽然在全球都占有很大的份额，但是，总体来看，由于各国对电影业的政策存在差异，所以，它的发展呈现出明显的不平衡性。

不管采用什么模式，有两点必须严格把握，一是品牌的形象和定位一般不实行本土化策略，否则将失去品牌个性，影响品牌的促销力；二是最优秀的品牌往往采用第二种策略，即所谓的“思考全球化，营销本土化”。例如可口可乐和索尼等国际著名品牌。企业以“国际化”为指导理念，以“本土化”为具体行动准则，在开放经济条件下，充分利用国内外资源，从而立足于世界企业之林。

4.3 目标市场选择

4.3.1 目标市场的选择路径

新疆本土企业在品牌国际化的过程中最先需要考虑的问题是如何选择目标市场。国家的经济发展程度可以分为三个层次：第一个层次是以欧、美、日为代表的发达国家市场；第二个层次是以东欧、南亚与南非等为代表的发展中国家市场；第三个层次是欠发达国家市场。先进入哪个目标市场，在选定目标市场之后如何进行品牌国际化是需要新疆本土企业深度思考的问题。总体而言，有五种路径可供选择。

4.3.1.1 先易后难的品牌国际化路径

这种路径依据的是市场发达程度由低到高的顺序，首先进入不发达市场，其次进入中等发达市场，最后进入发达市场。先易后难的模式可以使企业品牌循序渐进地构筑国际化基础，积累国际市场推广品牌的经验，由于成功率较高，有助于增强企业推进品牌国际化的信心。

4.3.1.2 先难后易的品牌国际化路径

这种路径是先进入发达国家市场，站稳脚跟后再进入次发达和不发达国家市场。由于发达国家市场竞争激烈，消费者消费水平高，对品牌产品的品质、质量、特色、服务等各方面都提出了高要求，品牌进入市场的成本较高，对企业经营资源提出了更高的要求，成功率较低，风险也较大。不过，一旦品牌在发达市场取得成功，不但可以积累丰富的品牌国际化方面的经验，还可以形成很强的示范效应，对品牌进一步向次一级市场扩散提供便利条件。1995 年，美克家私成立，这个新疆本土企业与台资合作成立的出口型家具制造商成为现在美克家居的前身，2009 年，美克家居并购了在美国有 59 年历史的 Schnadig 品牌，在 2010 年收购了美国家具品牌 A. R. T.，并于 2012 年引进 Caracole 品牌，美克成功走出了先难后易的国际化道路。

4.3.1.3　中间模式的品牌国际化路径

品牌首先瞄准中等发达市场，由于该类市场在品牌竞争、市场发育水平、消费水平等方面介于发达市场和不发达市场之间，品牌推广难度也比较适中，通过在该市场积累品牌推广经验，可以做到进可攻退可守，所谓攻是指进入更高一级的市场，所谓守是指退至低一级的市场，也可以双管齐下，分别进入高低市场。

4.3.1.4　由近及远的品牌国际化路径

考虑到本国与周边国家市场紧密的文化联系和相似的消费习惯，先影响周边，再依次扩散。如中国的沿海中小企业品牌往往先进入中国港澳台市场，再推广至东南亚市场、日本市场及南亚市场，最后进入欧美市场。新疆很多企业都是先进入周边国家市场，再依次扩散，如金风科技、特变电工、北新路桥和永利，通过在周边国家实施项目进入国际市场。北新路桥公司经过认真研究和谋划，海外市场的布局首先在周边国家和地区展开，立足中亚地区、西亚地区、南亚地区基础设施建设，深度开发当地市场，转变业务结构模式，以工程施工总承包为核心带动国际贸易、国际金融、国际农业协同联动发展，取得了积极的成果。

4.3.1.5　单点扩散的品牌国际化路径

不考虑品牌进入的远近顺序，而是依据企业产品特性及市场特性，有针对性地穿插进入最适合自己的市场，以此为根基，逐步扩散品牌的市场范围。如我国上广电集团、长虹集团在开拓非洲市场时，首先进入的是南非市场，然后逐步扩散开来。比亚迪汽车也是首先进入北非市场，以此为基地进行品牌拓展。

企业结合自身发展情况与战略要求，选择适合自身的目标市场。值得注意的是，新疆企业要采用“先难后易”模式，将会投入巨额资金。面临巨大风险，因为品牌培育需要经历一个漫长的周期，客观上要求企业必须有一个“输血”阶段，企业要能够承受暂时的挫折和亏损。“先易后难”风险相对较小，收益比较明显，比较适合新疆本土企业的实际。一方面，通过国际化可以释放企业强大的过剩产能，实现规模经济，弥补国内市场的需求不足和规避国内的价格战；另一方面，可以避免大规模的投资和企业资源的浪费。当然这种模式也存在自身的问题，如弱化品牌，利润率低等。由近及远模式是新疆本土企业的最佳选择路径，新疆本土企业可以利用地缘优势，考虑先进入与新疆接壤的中亚五国市场，再逐步进入其他国际市场。

4.3.2 目标市场的选择战略

市场细分是企业进行目标市场选择的基础，在对细分子市场评估后，企业会采用不同的目标市场选择策略以符合自身实际情况的细分市场作为目标市场，众多营销学著作在对选择目标市场这一环节的论述中，一般有目标市场选择的五种战略：市场集中化战略、产品专业化战略、市场专业化战略、选择专业化战略和市场全面化战略，如图 4－2 所示。

4.3.2.1 市场集中化战略

企业集中力量只生产或经营一种产品，供应某一类市场。企业在选择目标市场的过程中采用市场集中化战略往往多在企业迈出国际化脚步的初期。新疆本土企业国际化过程中成功的企业采用市场集中化战略，并坚持本土化优先的战略，以促进其国际化进程。新疆本土企业可以把目标定在与新疆接壤的市场竞争不太激烈的中亚国家，这些国家的社会经济发展具有经济增长速度很快、人口众多和市场潜力大的特点。

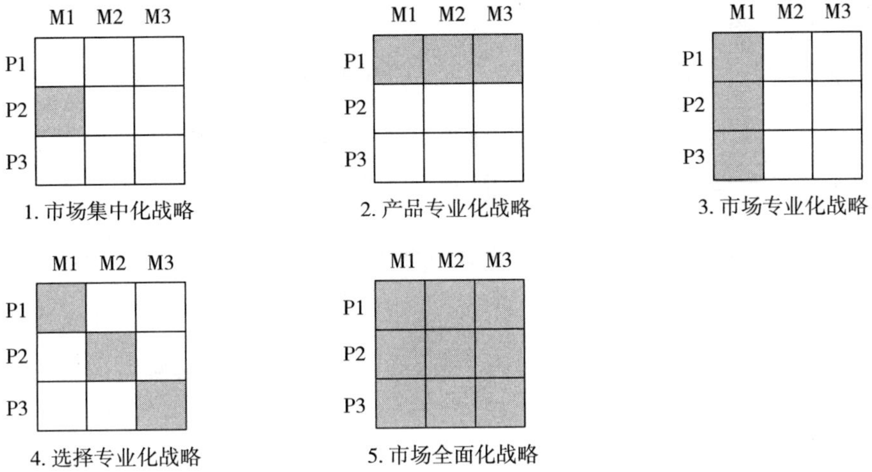

图 4－2　目标市场选择的五种战略

4.3.2.2　产品专业化战略

企业选择几个细分市场，对其顾客同时供应某种产品。产品专业化战略目标市场的选择往往多因企业所经营的领域市场需求丰富，存在着各类不同的消费者。该战略多是在创造一种市场需求，或者说将潜在的市场需求转化为现实的市场需求，而不单单是去满足市场需求。如中粮屯河在国际市场供应的番茄酱和白砂糖。

4.3.2.3　市场专业化战略

企业将所有的产品供应给一类顾客，产品的性能有所区别。传统的市场观念以生产为中心，以产品为出发点，而市场专业化观念以消费者为中心，以顾客需求为中心，在某个具体市场消费领域里满足各类不同消费者的需求。选择此战略的企业多是对某个具体市场消费领域较擅长的企业，一般企业在目标市场选择时是从市场集中化战略进而转入市场专业化战略。在选择市场专业化战略寻求国际化经营过程中，企业往往都是通过建立起优秀的品牌形象来维护市场中消费者对不同产品或服务的忠诚。将品牌的忠诚度贯穿于市场中对不同产品的持续需求。

4.3.2.4 选择专业化战略

企业有选择地专门服务于几个不同的子市场的顾客群体，提供各种性能的、生命力较强的同类产品，尽力满足不同的消费者群体的各种需求。由于不同市场的需求不同，也就使得企业要生产出不同的产品或者提供不同的服务来满足其需求，但有时不同市场中的消费者存在着一种矛盾：希望将在不同消费领域里的资源共享。这时企业就要把握住消费者这一心理，及时推出其产品或服务来满足市场。选择此战略成功的企业，多是在不同的消费领域里拥有各种资源能力或者资源融合能力的企业。

4.3.2.5 市场全面化战略

公司为所有顾客群体供应其所需的各种产品。选择市场全面化战略的企业多数是选择多元化发展战略的企业，这样的企业失败的较多，像巨人集团就是典型案例，但也有像联想集团成功的案例。企业采用市场全面化战略来制定自己的国际化战略，使企业国际化经营通常有两条路可以选择：一是自己建立品牌，自己组织市场推广；二是并购，即用人家现有很好的品牌，如联想并购 IBM 个人电脑业务后，由于 IBM 本身在国际上就是一个优势品牌，这对联想来说也是一种提升知名度的机遇。在并购以后，企业在很多方面都可以优势互补，比如说联合采购带来的成本优势，利用对方现有渠道，还有管理战略的改进等。

4.4 目标市场进入模式选择

4.4.1 目标市场的进入模式

目标市场的进入模式，是一种产品、科研、管理经验、人力资源等转移到其他国家的一种过程。目前，国际上主要的目标市场进入模式分为三大类：贸易型市场进入模式、契约型市场进入模式和投资型市场进入模式，如表4－2所示。

表4－2　目标市场进入模式的主要形式

进入模式类型	内容
贸易型	间接出口模式，直接出口模式（分销商、销售子公司）
契约型	许可证转让模式，服务合同模式，设施合同或生产合同
投资型	独资经营模式，合资经营模式

4.4.1.1　贸易型市场进入模式

该模式分为直接出口与间接出口两种方式。直接出口通过目标国代理商或本国在境外的分支机构经营本公司业务，有助于取得国际化经营的经验，是许多企业选择国际化道路的原点。间接出口则是通过本国中间商将其产品出口至目标国，企业在整个过程中虽然可以节省费用，规避风险，但是也失去了国际化业务实际操作的经验。通过直接出口和间接出口进入国际市场是新疆本土企业常用的方式，如新疆天业集团有限公司、中泰化学集团等通过直接出口进入国际市场，而塔城荣智食品工业有限公司等中小型公司没有自己的通往国际市场的销售渠道，主要通过间接出口进入国际市场。

4.4.1.2　契约型市场进入模式

该模式分为许可证转让模式、服务合同模式、设施合同或生产合同、反向贸易四种方式。该模式即与目标国签订合同，允许对方使用无形资产，如专利、商标、版权，也可提供商业服务、管理咨询、技术培训，还能使其销售的产品在国外生产。在契约型市场进入模式下，企业不必投入太多的资本，但是可以快速拓展海外业务，生产当地化则能有效地降低运输成本与关税，减少投资风险。但是在质量管理、目标国销售能力等方面做不到有效的控制。新疆很多大型工业企业都是通过合同项目的方式进入国际市场的，如北新路桥、金风科技等，北新路桥是建工师最早走出国门的企业。2004 年，兵团建工集团承揽了巴基斯坦瓜达尔至吐尔巴特公路项目，并将这一项目交给北新路桥集团建设，这是北新路桥集团首次迈出国门淘金。而新疆三宝实业集团则是通过反向贸易进入哈萨克斯坦，它的第一单是用塔城白糖换哈萨克斯坦的化肥。

4.4.1.3　投资型市场进入模式

该模式分为独资经营模式、合资经营模式这两种方式。独资经营模式一般是指企业在目标国设立分公司或子公司。合资经营模式是指企业与目标国企业在目标国法律范围内共同投资组建生产经营企业，双方共同承担管理、利润、亏损、经营风险的一种行为。合资经营模式可以快速进入目标市场，规避政治风险，获得优厚的待遇，利用目标国合作伙伴的社会资源，降低了资本投入，利润回报长期稳定。但同时也存在经营目标、利润分配、毁约等方面的不利因素。随着互联网科技的飞跃式发展，目前，越来越多的企业选择互联网模式，通过便利的全球网络系统就可以输出和展示自己的产品，在品牌形象树立时期的营销费用大幅度降低。金风科技通过并购德国企业不仅获得了生产产品的技术，而且充分掌握了对方的销售网络和先进的管理经验以及技术设备，从而提高了产品的品质，增强了本企业产品的知名度。三宝实业集团从以进出口贸易和境外工程承包为主转为以境外投资为主导、工程承包为重点，带动进出口贸易发展这样一个新的企业战略布局。2015 年，中泰集团抢抓机遇建成了塔吉克斯坦建国 25 年来的最大项目——棉花种植配套纺纱，通过该项目建设，公司不仅涉足国外棉花种植和纺织领域，而且将塔吉克等中亚国家的棉短绒运往国内。美克家居兴建了新西兰、芬兰、俄罗斯的原材料基地，形成了集原料生产、家具制造、家具零售为一体的完整产业链。

在通常情况下，制造企业国际化模式主要为四种：出口模式、海外设厂模式、兼并收购模式、战略联盟模式。而后两种模式（兼并收购、战略联盟）对制造企业各方面的要求较高，一般多为大型制造企业强势品牌所采用。

对于中小型制造企业而言，出口模式与海外设厂模式采用较多。出口模式按是否自建销售平台可分为代理（或经销）、直销两种。而现阶段采用海外设厂模式的中小型制造企业大多数之前在国内就已经为海外客户进行代工，并且因海外客户生产基地不断延伸拓展以及国内制造成本不断提升，为了给客户提供更便捷、更有竞争力的产品和服务而选择在海外设立代工工厂。

市场进入模式是企业进入市场采取战略的基础，企业将产品、技术、工艺、管理等资源投向国外市场，选择不同的国际化方式将决定对目标国企业的控制程度以及面临风险的大小。不同进入模式的内在特性如表4－3所示。

表4－3 几种不同进入模式的内在特性

进入模式	控制	传播风险	资源承诺	回报
出口模式	高	低	较低	低
许可/特许经营模式	低	低	低	适中
合资模式	适中	适中	适中	适中
独资模式	高	低	高	高

4.4.2 目标市场的进入过程

4.4.2.1 目标市场的渐进式进入

品牌国际化渐进式发展过程认为企业国际化是一个渐进的发展过程，表现为企业对海外市场逐步提高的连续形式将企业国际化划分为四个不同的发展阶段：非规划性出口活动、依靠代理商出口、建立海外销售分支机构、直接在海外生产和制造，且上述四个不同阶段是循序渐进的过程，其国际化程度是由低到高逐步上升的。而这种渐进集中表现为：企业市场地理范围按照“本地—地区—全国—相邻海外市场—全球市场”的次序扩大；在国际经营方式上由国内经营—中间商间接出口—直接出口—设立海外分支机构—海外生产制造几个发展阶段组成。新疆七星建工集团建于1978年，现已发展成以建筑施工为主，集国际建筑服务、房地产开发、建材生产、农业综合开发、商业、旅游、教育等产业于一体的国际现代化企业集团。2005 年，为抢占国际建筑领域制高点，成立的“国际工程公司”先后承接了沙特阿拉伯延布国家石化项目（EPC）、祖拜 KAYAN EO/EG 等项目，累计实现海外产值 20 亿元。通过国际工程公司在沙特阿拉伯项目的施工，新疆七星集团还与中石化建立了战略合作伙伴关系，公司定位于“新疆及中西亚地区的工程建设全产业链服务商”，面向新疆，辐射中西亚，循序渐进地进行国际化。

4.4.2.2 目标市场的跨越式进入

品牌国际化跨越式发展过程是指在新的国内外环境下，中国企业在开展跨国经营的过程中，不是完全按照品牌国际化的几个阶段一步一步地发展，而是依据自身条件的许可，直接采用品牌国际化更高级阶段的步骤，发展国际化的企业品牌。品牌国际化跨越式发展模式有两种，一种是部分跨越式，另一种是完全跨越式。部分跨越式是指企业在开展品牌国际化的过程中，已经开始了第一阶段或第二阶段，但在进一步发展时，不采用后几个阶段的形式，而是直接采用最高阶段的形式进入目标市场。完全跨越式则是指企业在开展国际化经营的过程中，不经历前面的几个阶段，而是直接采用最后阶段的形式发展国际化品牌。新疆广汇集团创建伊始，就提出要利用国内和国外两种资源，开拓国内国外两个市场，2009 年 4 月，广汇能源与哈萨克斯坦共和国 TBM 公司签订了合作开发东哈州斋桑油气区块协议；2012 年 1 月，广汇石油又与哈方合作伙伴签署了收购南依玛谢夫勘探区块 51% 权益的主协议，公司顺应市场趋势和国家政策的导向，采取跨越式发展模式，努力向国际市场进行开拓。

关于新疆本土品牌国际化的模式，当下比较流行的观点是渐进式过程，即依照“创建品牌—成为地区性品牌—上升为全国性品牌—在低端海外市场成为知名品牌—在高端海外市场成为知名品牌—发展为全球性品牌”的次序进行品牌的发展，或者按照由“三来一补”、为国外品牌贴牌代工到以自有品牌开展国际化经营，或反向 OEM 的过程建立品牌发展的模式。华为、TCL 的经验显示，企业无论大小，只要善于抓住机会，大胆走出国门，开展跨国经营，就有广阔的天地。中小企业、有机会建立全球产业链的某环节优势企业或劳动密集型行业企业适宜采用渐进模式。

企业在品牌国际化过程中选择跨越式过程是比较少数的。先确定高标准高要求，再向全球辐射。海尔、温州小商品市场的经验显示，准确结合自身的需求，扩大企业品牌，逐步走向全球。海尔“先难后易”品牌跨越思维，温州小商品市场对跳跃时机的把握都为这些行业内具备一定实力的企业提供很好的借鉴。国内相对成熟产业的企业、全球性行业企业、有能力实现资本国际化的企业可以选择跨越式过程进行品牌国际化。

4.5　品牌推广策略选择

4.5.1　迎合消费需求，实施网络营销推广策略

在网络化的今天，在国外市场利用互联网的信息优势宣传自己的品牌已成为许多企业开拓国际市场的一个有效工具。网络营销成为了覆盖范围最广，推广速度最快的营销方式。借助互联网进行品牌推广、树立品牌形象，是企业最经济、最快捷的企业国际化方案。通过互联网可以以最快的速度将信息传递到消费者面前，并且只需要支付极低的网站维护费用。互联网在信息的影响力和互动的影响力上是传统媒体无法比拟的，可以让消费者方便迅速地获得信息，而且可以让自己的信息迅速传递出去，这是传统媒体无法实现的。企业应该加强对本土品牌的宣传推广的投入，开设微博、微信公众号、抖音、Twitter、Facebook 等官方公共

平台，通过制作宣传片，利用多种媒体，进行品牌推广。比如，将宣传片放到全球各大门户网站的首页，也可将宣传片投放到全球各大城市的主要人流聚集地。

4.5.2 借助国际会展，采用企业国际化推广策略

展览会是一种非常有效、直接的公关宣传活动，它的宣传效果不同于传统媒体（广播、报纸、电视、杂志），而且收益价格高于传统媒体，企业在展览会上可直接面对消费者和竞争对手，通过即时性的宣传与交流，立即获得市场信息和动态，可迅速统计出相关的市场资料，为企业制订以后的宣传目标及方案提供了重要的依据。这些都是传统媒体所不能达到的。作为市场营销一个重要组成部分，展览会是一个不可忽视的环节。国外大型企业非常善于利用展览会时机来树立企业形象，寻求代理合作，建立品牌知名度，在同行业间建立横向联系。在一般情况下，发达国家举办的国际会展在国际上影响力大，参加这些国际会展既能宣传自己，又能了解海外市场、竞争者以及客户情况，还能促进产品在全球的销售，是一举三得的有效沟通措施。同时，新疆乌鲁木齐的亚欧博览会是中国与中亚地区、欧洲国家经贸交流的重要平台，新疆企业可通过该平台扩大国内外市场，提升企业的知名度和影响力。自 2011 年举办亚欧博览会以来，随着展会规模的扩大，越来越多的国家参加使得展会的国际影响力逐渐提高，特变电工借助这一平台与塔吉克斯坦、吉尔吉斯斯坦等国合作，增加了特变电工与国外大企业、大集团的双赢互信合作。新疆本土企业应该充分利用亚欧博览会的平台，对本土品牌进行强有力的宣传。

4.5.3 运用新闻报道，善用事件营销策略

在众多品牌推广手段中，公关宣传的费用相对比较低廉而对品牌形象的树立又能起很大作用。企业现在流行着一种变相的新闻宣传方式，即企业将自己的某些企业活动或产品创新、人物事件等写成稿件，以付费形式提供给各个媒体加以

报道，然后企业又将这些新闻报道全部收集起来编辑成册，再次进行宣传。这样，宣传效应如同滚雪球般越来越大。这种宣传方法在发展中国家比较适用。但在西方国家那些高度成熟的产品市场，消费者极其理智，企业通过新闻报道来引导消费者的想法就难以实现。

4.5.4　组织参观，灵活运用展示策略

工业旅游是一个新兴旅游项目，更是厂家展示企业形象的大好机会。利用销售淡季组织国外经销商参观工厂不失为一个突出产品差异化的好办法，特别是那些规模大、装备先进的大厂，更容易通过参观活动培养用户对厂家的信任，促进销量的提升。事实上，即使在销售旺季，有的厂家也组织用户参观工厂，促进销量提升的效果非常明显。发展中国家经济水平相对落后，组织来新疆装备先进的工厂参观，对经销商或其他客户无疑是一个吸引，同时又能达到很好的宣传效用。

4.6　新疆本土企业品牌国际化战略分析

调查结果显示，新疆54%的本土企业通过与邻近国家的进出口贸易实现了国际化，如中粮屯河股份有限公司、伊力特、新疆中国彩棉等。22%的大型企业通过项目合同实现国际化，如北新路桥、新疆广汇、新疆七星建设等。只有少数企业选择对外投资，如美克家居、冠农果茸、新疆金风科技股份有限公司，其中，金风科技选择了“以投资带动销售”的模式开拓国际市场，据悉，2009年该公司国际业务布局在美国明尼苏达州投资的第一个风电场并网，在随后开发的ShadyOaks项目中，金风科技同样兼投资者、解决方案供应商的双重身份。金风

科技、特变电工等大型工业企业，也采用对外投资、合同项目等多种方式实现品牌国际化。总体而言，新疆中小企业普遍采用进出口贸易的方式实现国际化，大中型企业选择对外投资、项目合同等多种方式实现品牌国际化。

通过调查发现，新疆本土企业69%通过贴牌生产和要素产品出口实现品牌国际化，很少有企业拥有自己的自主品牌，在企业国际化过程中成功实现品牌国际化的企业更是寥寥无几。在实现品牌国际化的新疆本土企业中，73%的企业采用的是单一品牌战略，如金风科技和新疆天业对外贸易有限责任公司，新疆天业对外贸易有限责任公司统一使用天业牌聚氯乙烯树脂、烧碱、糊树脂、BDO、水泥、番茄酱进行国际贸易，27%的企业选择多元化的品牌战略，2009年，美克家居并购了在美国有59年历史的Schnadig品牌，在2010年收购了美国家具品牌A. R. T. ，并于2012年引进Caracole品牌后，美克开始全面升级，形成了不同业态、不同定位的多品牌运营矩阵。作为自主品牌的美克美家只走独立店模式，Rehome主要入驻高端的购物中心，A. R. T. 则入驻家居卖场，几大品牌根据不同定位，选择不同的落地运营模式。

在品牌合作战略方面，46%的企业采用品牌联盟战略，如石河子市天一贸易有限公司和新疆驼铃梦坡商贸有限公司。33%的企业采用品牌联合战略，如新疆天业对外贸易有限责任公司和新疆永盛国际物流有限责任公司等。采用品牌联盟战略的多为中小企业，以此与联盟企业实行技术、生产和市场全方位的合作；采用品牌联合的企业多为生产链上的上下游企业，以此来扩大企业规模和知名度。67%的企业在国际化市场中使用中国原有的品牌名，33%企业使用本土化的品牌名。

新疆本土企业中也不乏拥有国际化能力的公司，但是由于国际化人才缺失，资金不足等原因迟迟没有实施国际化，如新疆前海集团有限责任公司、新疆珍果饮食品科技有限公司等。

第5章　新疆本土企业品牌国际化典型案例分析

5.1　案例研究思路

本章从新疆中基实业股份有限公司（现称中基健康产业股份有限公司）和特变电工股份有限公司两个新疆本土企业案例出发，着重分析这两个企业在品牌国际化战略推进过程中的经验、教训和启示，以期为新疆本土企业品牌国际化战略提供相应的借鉴。

5.2　新中基：墙内开花墙外香

5.2.1　新中基公司及产品概况

新疆中基实业股份有限公司（以下简称新中基），是新疆生产建设兵团重点扶持发展的公司。该公司的主要经营业务是番茄制品深加工，是一家番茄种植、生产、加工、贸易、科研开发五位一体的农业产业化国家重点龙头企业。新中基成立于1992年5月，1994年7月改制成为股份有限公司。2000年9月26日，新中基的股票在深圳证券交易所正式上市。

新中基隶属于新疆生产建设兵团第六师，是兵团重点支持发展的国家级农业产业化龙头企业。公司依托新疆得天独厚的地域和自然优势，致力于发展番茄“红色产业”，产业规模位居全国第二、世界第三，产品行销世界70多个国家和地区，是全球主要食品企业长期、固定的原料供应商。自20世纪90年代以来，新中基番茄类产品出口不断增长。1990～1996年番茄酱出口量（额）增长比较缓慢，1996～1999年番茄酱出口量、出口额波动幅度较大，1999年起持续七年增长，尤其是2003年增幅最大，出口的产品主要是番茄酱、番茄罐头、番茄粉等产品，主要销往欧洲、东南亚等地区。新中基自上市以来，在2012年创下国外贸易数额最大值，也是新中基国际化中取得突出成绩的一年，但是随之而来的就是毛利润逐年下降的境况。

5.2.2 新中基品牌国际化战略选择

5.2.2.1 先难后易，先发达国家后发展中国家

先难后易的目标市场选择路径依据的是市场发达程度由高到低的顺序，首先进入发达市场，其次进入中等发达市场，最后进入不发达市场。新中基的番茄产品主要是做国际贸易，在初期打开市场很难，尤其是欧洲国家。欧洲是新中基的核心目标市场，为了达到各项国际指标，新中基选择意大利作为突破口，以低价和高口碑进入了意大利市场，为实现其进入欧洲其他各国及后面的俄罗斯、乌克兰等国的市场做了铺垫。

5.2.2.2 设立海外分支与兼并收购，实现贸易进入

为了打开国际市场，新中基在全球多个国家设立办事处，并于2003年投资

建设了天津中辰番茄制品公司。天津中辰番茄制品公司是新中基的初次国际化尝试，后来由于意大利合作方的退出，新中基才不得不转而在2004年收购法国普罗旺斯食品公司。对于新中基的发展来说，收购普罗旺斯最大的动机并不是获得产能的进一步提高而是获得其配方和品牌。天津中辰获得配方后达到了外方的产品标准，建立了高标准的质量体系。

5.2.2.3 牵手益海嘉里，实现品牌战略联盟

在全球经济一体化的今天，通过品牌虚拟经营本土化，建立广泛的企业生产与经营的市场同盟体，实现共同开发市场，共同分享市场利益。而如何利用本土知名企业或知名品牌创建属于自己的国际知名品牌一般可采取两种方式来实施：一是与现时的国际或本土知名制造商进行品牌联盟。二是与国际或本土知名经销商进行品牌联盟。在国际整合上，新中基计划借助“外脑”，2012年，牵手有丰富国际运作经验的新加坡上市公司益海嘉里。走国际的路线，必须具备国际化的人才。与益海嘉里达成合作协议，益海嘉里参股中基旗下的新中基番茄和天津中辰番茄制品公司。益海嘉里将会派出管理人员，参与新中基的管理运营。同时，借助益海嘉里在中国的销售网络以及其母公司丰益国际的全球销售网络提升新中基番茄产品的市场份额。新中基选择牵手益海嘉里，正是与国际知名企业建立战略联盟的典范。

5.2.3 新中基品牌国际化评估

5.2.3.1 新中基品牌国际化的动机

进入2000年以后，以番茄酱加工业为代表的我国“红色产业”在国际市场上掀起了一股“红色旋风”，以新疆地区为主的番茄酱产品因质优价廉，在欧美市场上迅速崛起，大大提升了我国农产品的国际竞争力。随着番茄加工市场不断扩大，国内市场竞争加剧。政府开始鼓励企业“走出去”，以期打开国际市场，所以众多企业开始开拓海外市场。此外，由于饮食习惯的原因，全球番茄酱制品

的主要市场在欧美、俄罗斯、日本、韩国及东南亚、非洲等国家和地区。因此，为了响应政府的号召，更好地开拓国际市场，新中基把品牌国际化提到企业战略上，为探索新疆“红色产业”企业开拓国际市场迈出了坚实一步。

5.2.3.2 新中基品牌国际化的整体评价

新中基品牌国际化的前期发展前景相当广阔，但是随着国际番茄市场产业竞争的加剧，中国人口红利的逐渐丧失，劳动力成本、土地成本的增加，国内番茄酱行业门槛较低、产能过剩，行业内恶性竞争加剧、产品销售不畅、运营资金压力不断增大以及新中基公司主业集中度高，番茄酱产品结构较为单一，产品附加值低，且过度依赖出口，销售价格波动及不确定性较大。2008 年以后，新中基的国际营收逐年下降。同时，2004 年，收购普罗旺斯食品公司虽然最初出发点是想通过产品出口进而进行海外投资来打开国际市场，但是由于管理不善导致并购收效甚微。经过十多年跌跌撞撞的发展，2014 年，普罗旺斯所在地法院正式决定将普罗旺斯公司进行破产清算，也为新中基的没落埋下伏笔。此外，从 2012 年与益海嘉里牵手到 2014 年双方合同终止，仅两年时间新中基就与益海嘉里分道扬镳也说明新中基的国际化管理经验相对欠缺，缺乏整合国际化人才的能力。

5.2.4 新中基品牌国际化经验教训与启示

5.2.4.1 新中基品牌国际化的经验教训

（1）高精加工不足，产品结构不合理。

新中基番茄加工制品品种单一，结构不合理。目前，大包装番茄酱是对外出口的主要创汇产品，番茄汁、番茄沙司等高附加值产品出口额不高，番茄酱到国外后一般经过深加工再贴当地标签进行销售，国外企业赚取大量的附加值。产品结构不合理导致产业内同质化程度高，加工技术的科技含量不高，企业恶性竞争。虽然从 20 世纪 90 年代到 21 世纪初新中基番茄酱出口量增速较快，但产品附加值低，而高附加值产品市场接受度不高，出口很少。总体而言，新疆番茄类产品主导产品主要为低档次和初级加工水平的大桶番茄酱，高档次、精深加工的产品还不多，这在一定程度上影响了番茄制品竞争优势的发挥。

（2）出口产品价格偏低，质量关注不足。

面对当前贸易环境的复杂变化，中国企业出海不得不考虑当前的各种贸易壁垒，紧把质量关，从而提高产品在国外市场的竞争力。新中基旨在面对外来市场的低价冲击及欧美发达国家绿色贸易壁垒等的情况下，没有充分考虑如何进一步提高产品质量，提高品牌的知名度、美誉度，错过了创造知名国际品牌的机会。

（3）专业人才储备不足，缺乏国际化管理人才。

新中基的管理方式还是属于传统的管理方法就是——你买我卖。但当前市场的开放程度已经远不是当年的小型经济，既然企业已经选择开拓国际市场，走品牌国际化道路。为了更好、更快、更迅速地开拓“红色产业”市场，确保品牌国际化战略的顺利实施，企业需要聘请众多具有品牌国际化管理经验的人才。但是新中基在这一过程中，缺乏一流的国际化管理人才，当面对文化冲突、法律冲突的时候，企业在处理问题时所采取的措施有些欠妥，这也是新中基海外投资收效甚微的一个重要原因。

5.2.4.2　新中基品牌国际化的启示

（1）调整产品结构，扩大高附加值产品出口。

新疆番茄制品以前的加工层次比较低，出口以低附加值产品为主。目前，新疆大力开发高附加值、高档次的番茄产品的条件已成熟，包括政府支持、企业出口积累的资金和优质的原料市场等，所以我们可在产品研发生产和营销上下功夫，为新疆番茄产业的可持续发展开拓一片广阔的市场。新疆已成功开发出国内首创的番茄干粉、番茄清汁、番茄红素、番茄膳食纤维、番茄糖系列产品，已研究出部分高端产品和高附加值产品，国内外市场前景广阔，今后应努力扩大这些高附加值产品的出口规模。

（2）实行绿色产业发展战略，以应对贸易壁垒。

在目前复杂多变的国际经济形势下，贸易壁垒尤其是针对食品类产品的绿色贸易壁垒会影响新疆番茄产业贸易，且随着经济和科技的飞速发展，人们对生命健康的关注越来越多，绿色产品的需求会不断增长。新疆番茄企业应该尽快实施绿色产业发展战略，为应对绿色贸易壁垒做好充分准备。

（3）继续培育和发展龙头企业，积极开拓国际市场。

龙头企业在基地建设、农残控制、机械化采收、市场营销、产品定价和产品质量管理等方面发挥了示范带动作用，应在行业龙头的带动下，进一步完善生产、加工、研发、储运、经营管理环节的各项工作。同时，在巩固和扩大欧美市场之外，还应继续开拓新市场，如中东市场，防止国际市场变动给番茄类产品出口带来的风险。随着经济的持续增长，番茄制品消费量正在逐年扩大，市场容量非常大，应通过政府扶持，带动其他有一定规模、产品结构层次高的企业同时发展，实现企业的内部、外部经济效益，扩大企业的生产规模，降低单位成本，实现产品多元化、市场多元化，增强产品的国际竞争力。

（4）实施品牌战略，扩大产品知名度。

品牌是企业可借助自己的产品与国外竞争者的产品区分开来，并将品牌策略和各种营销手段综合运用，树立企业产品独特形象的重要营销手段。品牌又是企业的一笔巨大的无形资产，是企业赖以生存的基础。新中基实业股份有限公司在国际番茄制品市场具有举足轻重的地位，新中基“ChalkiS”牌番茄制品还被商务部列入西北地区食品与土畜行业惟一重点培育和发展的出口名牌产品。所以，新疆番茄出口加工业实行品牌战略，有利于树立良好的形象，扩大企业的知名度，进而使企业获得更为可观的经济利润。实行品牌战略，有利于树立良好的形象，扩大企业的知名度，进而使新疆番茄出口加工业企业获得更为可观的经济利润。

5.3　特变电工：新疆企业管理国际化战略的先行者

5.3.1　特变电工公司及产品概况

特变电工的前身是新疆昌吉市电力变压器厂，固定资产只有 15.8 万元，有 73 万元负债，是只有 53 人的集体小企业。1988 年，现任特变电工董事长（原厂技术员）张新承包昌吉市电力变压器厂时，该厂已濒临倒闭。张新认真分析了企业不景气的原因，认为主要是公司生产的常规变压器市场竞争激烈、产品没有特色、技术水平低。经过详细的市场调研，在张新的带领下，特变电工转变了经营方向，放弃了常规变压器生产，抢占特种变压器市场。在此后几年，特变电工始终在进行技术、管理等方面的改革，逐渐形成了生产一代、储备一代、研制一代的良性循环。1997 年 5 月，特变电工在上海证券交易所成功上市，募集到 1.56 亿元资金，成为中国变压器行业第一家上市的公司。为了扩大市场规模，提高市场占有率，特变电工在 2000 ~ 2011 年围绕企业的主营业务先后进行了三次重要的并购重组，形成了特变电工"金三角"：特变电工衡变、特变电工沈变、特变电工鲁缆。特变电工作为中国重大装备制造业核心骨干企业，国际电力成套项目总承包企业，中国最大的变压器、电线电缆、高压电子铝箔新材料、太阳能核心控制部件研发、制造和出口基地，截至 2016 年 10 月，特变电工总资产已达到 770 亿元，2016 年上半年实现净利润 14 亿元，培育了"输变电高端装备制造业、新能源、新材料"的国家三大战略性新兴产业，成功构建了特变电工、新疆众和、新特能源三大上市公司。

在国内业务蓬勃发展的同时，特变电工也不忘拓展国外业务。据了解，从

2000 年特变电工的产品就开始进入国外市场，到如今已经取得不菲的成绩。2006 年，特变电工首次承担价值 3.39 亿美元的塔吉克斯坦南北主电网项目工程，2016 年，承担的孟加拉输变电项目工程价值高达 110 亿元。特变电工依托世界领先的自主研制输变电产品的比较优势，完成了从制造业向制造服务业的转型。特变电工的目标是在 2020 年国外市场份额占到总规模的 50%。据统计，截至 2016 年底，特变电工在海外承包的电力成套项目总额达 185.7 亿美元，在建工程 38.9 亿美元。目前，公司在国内拥有 14 个制造业工业园，海外建有两个生产基地（特变电工印度能源公司、特变电工塔吉克斯坦能源公司）。特变电工的国际业务已经扩展到中亚、非洲、欧美等 70 多个国家和地区。特变电工每年都将销售收入的 3% ~5% 用于自主创新投入，到目前为止参与了 100 多项国内外行业标准制订，成为了世界输变电制造行业的骨干企业，变压器年产能达了 2.5 亿 kVA，位居中国第一、世界前三。现在，特变电工正致力于开拓输变电、新材料和新能源三个主要行业的全球市场。特变电工凭借其领先的技术水平、快速响应的产品研发能力和“一站式”服务，在国际市场上享有良好的品牌声誉，特别是在第三世界国家市场保持着可观的市场份额。迄今为止，“TBEA：Always Reliable——特变电工，全球信赖”的品牌口号已经在国际市场上打响。特变电工还在持续不断地创新，力争为顾客提供优质、全面、便捷的服务，在巩固市场份额的基础上稳步成长。

5.3.2 特变电工品牌国际化战略选择

5.3.2.1 “一国一标”，深耕品牌本土化

特变电工本土化战略首先体现在产品生产方面。特变电工进行跨国经营时依据当地标准进行生产，并依据当地标准开发新产品。由于不同国家在电线电缆的厚度、直径、伸张力、弯曲度等方面都有不同标准，如中亚地区按照俄罗斯标准；东南亚地区按照 IEC 标准；在德国有德标，法国有法标；在南非地区也有自

己特定的标准。因此，不论是生产、制造，还是标准要求、外包装，特变电工都根据当地的技术规范进行生产以满足当地的要求，拓展当地市场。在产品销售方面，特变电工国外销售离不开当地客户资源，在与当地的一些电力部门、能源部门建立联系时，一般都借助当地代理，由代理带领公司建立当地的销售渠道和销售网络。代理在这个过程中除了提供一些变压器、电线电缆、开关柜的产品销售信息之外，还帮公司联系了一些输变电工程，这对于企业进驻当地市场起了决定性作用。

5.3.2.2　“先易后难”，由中亚走向世界

新疆与周边八国接壤，是中国与中亚、西亚国家经济合作的“桥头堡”，具有得天独厚的区位优势。新疆与中亚国家民族语言相通，民族风俗、生活习性相近，行为方式相近，这种历史造就的浓厚的民族、文化情结和长期以来密切的不间断的经济、社会、文化联系，形成了新疆向西开放独特而深厚的人文优势。而新疆与中亚国家在经济结构上的互补性，尤其是中国企业在资金和技术上的显著优势，为中国新疆企业面向中亚市场走出成功的路径。随着国家“走出去”战略的快速推进以及西向开放、经济全球化进程的推进，新疆企业走出去步伐明显加快。特变电工作为中国高端输变电行业的佼佼者，在结合自身优势情况下，充分利用政府优惠政策，选择以中亚为突破点，通过承包中亚国家的输变电工程项目，逐渐进入中亚市场。在中亚市场成熟以后，特变电工开始向印度、中东、美国、欧洲等市场容量更大、竞争更激烈的国际市场进发。因其雄厚的技术实力，在全球市场逐渐站稳脚跟。

5.3.2.3　贸易进入、契约进入与投资进入并行

特变电工品牌国际化选择首先是产品销售。特变电工最初以新疆为属地市场，向陕甘宁、西北等各地进军。1997 年，公司接到的第一笔国外订单是来自伊拉克的订单，公司通过给 CMEC 供货，通过中资投企业借船出海业务，把电线电缆产品销售给国内大型的成套工程公司和贸易公司，然后由他们再向终端用户

或国外客户销售，这是特变电工单机销售的第一步。2000~2005年，公司在销售过程中发现国外市场销售利润高、市场需求量大、市场保有量高，于是开始在海外派驻业务人员进行产品直接销售。产品在国外进行销售的过程中，特变电工依靠自身技术优势、认证优势、专业化团队和当地代理，逐渐拿到了变电站、火电站、水电站、太阳能电站等输变电工程，开始从单机销售转到成套开发（即EPC的总包商），这是公司走向国际化最重要的一个阶段，在这一过程中，公司的海外布局发展到了中亚、南亚、东南亚和非洲等各个地区。其次是海外建厂这一阶段主要针对的是印度市场，公司在印度市场拿到项目之后开始建厂，这是因为印度市场有这样一个规定：国外公司在印度不管拿到多大项目、多少资金，必须在当地进行制造业产能的转移与投资。再次，公司研究发现印度对765kV的变压器产品需求量非常大，而当地不能满足需求，因此，特变电工根据当地市场需求、市场潜力建立了一个765kV的变压器和电抗器的生产制造基地，这一生产制造基地符合印度法律法规要求。最后，海外投资。特变电工在海外的投资与并购从2013年开始，主要是一些实体投资，如在巴基斯坦的太阳能电站投资，特变电工以运营商的身份，在当地拿到许可证和一些相关认证，建立了太阳能电站，建成之后一年就可以正常发电；公司和当地销售部门签订了一系列的销售合同，把电卖给当地的工厂、用户和电力公司，特变电工通过收取电费这一运营方式收回成本。

5.3.3 特变电工品牌国际化评估

5.3.3.1 特变电工品牌国际化的动机

国际化战略是产品和服务在本土之外的发展战略，随着企业实力的不断壮大和本土市场的逐步饱和，企业的发展需要通过国际化的扩张来提供后续增长动力。对于特变电工自身发展情况而言，前期通过在中国深耕高端输变电行业，不断坚持创新，积累了可观的盈利和先进的企业管理经验。随着全球经济的发展和市场的变化，国内经济增速放缓，行业内竞争强度增大等将给后期的企业经营规模增长带来较大阻力。若特变电工仍执着于原有的经营方向，则无法应对未来的市场的变化。随着国家“走出去”战略的快速推进，国家对高端制造业出口给予了大量优惠政策扶持。特变电工为了紧抓机遇以及开拓国际市场，寻找更大市场空间，实行品牌国际化战略必是首选。

5.3.3.2 特变电工品牌国际化的整体评价

特变电工股份有限公司自2003年第一次在苏丹承接73千米110kV输变电线路成套项目以来，已经先后签约及执行了塔吉克斯坦220～500kV电力成套项目工程；苏丹中北部220kV双回路、双分裂输变电线路成套项目，苏丹喀土穆北及其他变电站成套项目工程，苏丹东部电网5个变电站及300余千米输变电线路；埃塞俄比亚400kV400千米高压输变电线路项目；赞比亚国家330kV电网建设成套项目；肯尼亚内罗毕220kV环网建设项目。通过技术改革，公司建设的信息化技术无人值守220kV变电站已全面覆盖中亚地区。目前，公司已在欧洲（德国）、苏丹、埃塞俄比亚、赞比亚、肯尼亚、马拉维、哈萨克斯坦、塔吉克斯坦、吉尔吉斯斯坦、乌兹别克斯坦、土库曼斯坦、白俄罗斯等十几个国家设有国外办事机构，在北京、上海、广州、沈阳等城市设有国内办事机构。经过十余年发展，公司总资产已达45亿元，实现销售收入21亿元。特变电工股份有限公司在海外先后承接了塔吉克斯坦、吉尔吉斯斯坦、乌兹别克斯坦、哈萨克斯坦、埃塞俄比亚、赞比亚、肯尼亚、苏丹、巴基斯坦等多个国家的项目，累计金额达到30亿美元，创利30亿元。目前，特变电工股份有限公司产品已经出口到全世界100多个国家和地区，在60多个国家和地区设立了办事处和分子公司，为哈萨克斯坦、俄罗斯、美国、欧盟、印度等世界上60多个国家和地区提供了输变电技术装备和系统集成技术服务。公司目标是到2020年，力争实现销售收入千亿元，海外业务营业额达到总营业额的35%。至此，特变电工股份有限公司国际化道路已经步入高速发展时期。

5.3.4 特变电工品牌国际化经验教训与启示

5.3.4.1 特变电工品牌国际化的经验教训

（1）高度重视自主技术创新，抢占技术创新制高点。

具备自主、不受制于人的科技自主创新能力是特变电工在激烈的市场竞争中赢得先机、开拓国际市场的战略法宝。多年来，特变电工高度重视自主创新，持续加强自主创新投入，抢占技术创新制高点，提升国际市场竞争力，公司“走出去”战略取得了突破性的进展。如在自主创新的道路上抢占世界绿色、节能、智能输变电技术创新的制高点，争取国际市场上的话语权，走了一条从产品到集成技术，再到标准制定的发展之路。公司三大产业（输变电、新能源、新材料）均建立了国家级的工程实验室、企业技术中心、博士后科研工作站和新疆首家院士工作站。公司先后承担了我国绿色节能、环保、智能化领域国家 863 课题 1 项，国家重大科技攻关 2 项，重大专项 3 项，实现 160 项自主技术重大突破，其中，55 项世界首创、105 项国产首台套。公司新增专利技术及专有技术 183 项，积累拥有自主知识产权的核心专利技术超过 1200 项。公司已累计荣获国家科学技术进步特等奖 1 项、一等奖 4 项、二等奖 1 项，中国机械工业科技进步特等奖 10 项，省部级科技进步奖 200 余项。截至 2014 年底，公司三大产业累计申请专利 1200 余件。2013 年初，特变电工因参与完成“特高压交流输电关键技术、成套设备及工程应用”项目，荣获国家科学技术进步特等奖，这是国家为表彰科技进步而设立的最高奖项，也是整个电工领域在国家级科技奖上收获的最高荣誉。

（2）抢占产业链高端，创建高端国际品牌形象。

在输变电、光伏新能源领域，依靠创新，特变电工已形成集变压器、高压开关、电线电缆、套管、系统集成技术为一体的完整的输变电产业体系。依托“一特四大”的国家能源战略（特大电网、大煤电、大水电、大核电、大可再生能源基地），公司承担了全球 50% 以上的特高压交直流输变电研制任务，40% 的百万千瓦大型核电，50%的百万千瓦大型火电及60%的百万千瓦大型水电的自主研制任务。这些产品和技术代表着当今世界绿色节能输变电的最高水平，代表着世界低碳、智能化输电技术的发展方向，树立了中国机电产品的国际品牌形象。

（3）坚持质量第一，打造品牌国际化的核心竞争力。

坚持质量第一，推进品牌国际化，是推动公司“走出去”战略取得突破的基础。在企业“走出去”的过程中，特变电工把核心装备质量和工程质量放在第一位，坚持不懈地加以推动。为确保核心产品质量，特变电工建设了当今世界装备水平一流、检测手段一流、员工素质一流的输变电产业基地，目前，输变电产品的性能指标处于全球领先地位。特变电工也是全球为数不多的500kV及以下全系列产品全部通过荷兰KEMA（国际权威质量认证机构）突发短路认证的企业。核心产品质量是关键，但更重要的是系统集成技术及解决方案的制订。为此，特变电工针对不同的国家地区、不同的客户对产品的需求，在充分吸收公司在国内外重大项目、重点工程领域积累的丰富实践经验的基础上，制订个性化解决方案。在实施过程中，施工过程和产品选型始终坚持质量第一的原则。公司对项目实施团队的绩效考核和奖励，将项目质量放在第一位。在项目建设阶段，加大所在国经营管理团队的培训力度，确保准确掌握操作方法。同时在国外设立技术服务中心，贴近市场提供及时便利的就近服务。可以说，可靠的质量与优质服务是特变电工国际品牌牢固的根基，是其取得国际市场竞争优势的法宝。

（4）力创名牌，注重提升品牌知名度和美誉度。

2004年9月，时任总理温家宝视察特变电工时指出：我们的中国企业要在激烈的市场竞争中立于不败之地，就必须创造名牌产品。名牌就是质量、就是效益、就是竞争力、就是生命力。在“走出去”的过程中，特变电工坚持以一流的产品，超值的服务打造TBEA特变电工品牌的知名度和美誉度。坚持建一项工程，造一项精品，树一座丰碑，特变电工的品牌越来越被世界各国的能源领域所认知。以塔吉克斯坦500kV输变电项目为例，在基础设施匮乏、自然环境极其恶劣，设备及原材料运输基本上靠人拉肩扛的环境下，公司施工人员克服疾病、高原反应等危险和挑战，坚持以项目施工质量为抓手，使该项目提前一年顺利竣工，建成了中亚地区技术最先进的数字化、智能化、自动化无人值守变电站，并使塔吉克斯坦国家电网的线路损耗由原来的14%下降为现在的5%。特变电工用优良的工程质量及先进的技术赢得了塔吉克斯坦政府和人民的信任，塔吉克斯坦南北500kV输变电工程2011年被国家授予海外工程鲁班奖。

（5）打造世界级人才团队，夯实品牌国际化的智力支撑。

企业要“走出去”，在海外赢得市场份额和尊重国际化人才团队建设是首要因素。多年来，特变电工大力培养国际化人才，打造世界级人才团队，成为推动公司“走出去”战略取得突破的关键。在人才引进上，公司既重视行业成熟人才的引进，更重视高起点引进应届毕业生，加大核心团队的自我培养模式建设。特变电工与清华大学、北京大学、西安交通大学、对外经济贸易大学、石河子大学等高校建立了长期的合作关系，形成了资源共享、优势互补、互利双赢的校企合作新局面，针对电气工程、能源科学、材料科学、国际贸易等专业化人才开展订单式培养。目前，特变电工共有员工2万余人，公司专业人员逐年增加，员工学历层次不断提高，人才结构得到优化，为打造国际化人才团队建设奠定坚实基础。

在人才培养上，特变电工为构建“走出去”人才体系，采取“走出去、请进来”的方法，进行多层面系统培养，通过高等院校培养、国内在职培训、海外市场锻炼、出国学习培训考察、吸收引进等方式，加快打造国际化人才团队。公司每年投入巨资用于培训、出国学习，有效提升了外向型人才队伍素质。“十二五”“十三五”时期，为将特变电工打造成为具有国际竞争力和品牌影响力的500亿高新技术企业集团，特变电工继续加大国际化人才团队引进和培养力度，致力于打造世界级的经理人团队、世界级的技术研发团队、世界级的产业工人团队，为“走出去”战略提供更强有力的人才保障和智力支撑。

（6）奉行互利共赢原则，着眼长远利益和可持续发展。

特变电工在实施“走出去”战略的过程中，在实现从装备中国到装备世界的征途上，始终秉承诚信规范、互惠互利、互利共赢、共同发展的基本原则，坚持在国际化发展过程中注重当地经济、环境和社会三者协调发展，造福当地民众，赢得了项目所在国和当地各方的尊重和信任，建立了持久的友好合作机制。可以说，奉行互利共赢，积极承担社会责任，是推动特变电工“走出去”战略取得突破的保障。

在海外项目实施过程中，特变电工在建好项目的同时，还强调要在力所能及的范围内，融入当地经济社会发展，积极参与、扶助当地的民生建设，培训技术人才，引进当地急需的相关技术，努力实现共同发展。例如，公司在塔吉克斯坦承建 500kV 输变电项目过程中，不仅为当地民众筑路修桥，给孤儿院捐资，将中国的蔬菜大棚技术引进到塔吉克斯坦，教会塔吉克斯坦民众种植技术，丰富冬季的餐桌；还派出中国专家赴塔吉克斯坦培训当地技术骨干，同时，又将塔吉克斯坦技术骨干输送到中国学习，为塔吉克斯坦国家电网特变电工培训了一大批掌握现代信息技术的电力运行专家。通过以上惠及塔吉克斯坦民生的诸多事例，使塔吉克斯坦政府和民众感受到中国政府和人民的友好情谊，极大地促进了双边关系及中塔两国在各领域的友好合作。塔吉克斯坦主要领导人多次向我国表达敬意和感谢。从某种意义上说，特变电工承建塔吉克斯坦国家电网，不仅造福了塔吉克斯坦人民，对于维护中亚区域政治经济的稳定，推动中国中亚区域经济一体化及自由贸易区的建设，乃至新疆的大开放、大建设、大发展，都有着重要的现实意义和影响。

不仅在塔吉克斯坦，而且在吉尔吉斯斯坦、哈萨克斯坦、苏丹、赞比亚、埃塞俄比亚、印度、印度尼西亚、菲律宾、越南等国家特变电工都本着建一个项目，造一个精品，树一座丰碑，为中国与各国的世代友好和经贸合作做贡献的理念，把援建希望小学和孤儿院、打井、修路、融入当地民生发展作为重要工程，持之以恒地推进项目建设。特变电工以实际行动，让当地居民感受到来自中国的友好和合作，赢得了当地民众的尊敬和信任，树立了中国企业良好的国际品牌形象，也为特变电工用世界一流的技术产品和服务“装备中国，装备世界”营造了和谐的外部环境。

5.3.4.2 特变电工品牌国际化的启示

企业的国际竞争力是内部竞争力的一种延续，中国企业在“走出去”过程中，面临着不同程度的“内忧”和“外患”。一方面，企业自身技术创新能力不强，缺少核心竞争力，导致企业在激烈的国际市场竞争中无法立足；另一方面，选择的目标国家经济环境和政治环境不好，给企业的国际市场开拓带来了巨大的不稳定因素，轻则市场开拓工作中断，重则前期投资全部损失。他山之石，可以攻玉，特变电工作为高新技术企业的代表，在积极探索“走出去”战略实施的过程中积累的经验，为中国企业“走出去”，尤其是新疆企业走向中亚，提供了以下重要的启示：

（1）坚持创新驱动发展，提高国际市场竞争力。

科技研发投入力度不足、创新意识薄弱是新疆企业必须正视的问题，必须增强创新的紧迫感和自觉意识。新疆企业参与国际竞争，必须转变粗放型的发展方式，转变发展方式必须依靠创新。作为力求后发赶超的新疆企业，仅靠资源、靠卖资源，一方面运能达不到，另一方面环境也不允许。特变电工“走出去”的战略实施可以证明，坚持创新驱动发展，是企业提高国际市场竞争力的核心要素。创新驱动必须以企业为主体，以企业的可持续发展为方向，创新如脱离了企业，便是无源之水、无本之木。新疆企业要围绕创新驱动，占领行业的制高点，形成长远的竞争力，不能为了创新而创新，不适用的创新只会浪费企业的资源。尤其是新疆企业起步较晚，如果再专注于浪费资源的创新，那么企业的发展必将会受到影响。新疆企业的创新需要紧紧围绕市场需求，使有限的资源发挥最大的效用，围绕长远竞争力、核心竞争力的形成和提高抢占行业制高点来进行。

（2）提高品牌认知度，持续推进品牌国际化。

特变电工的成功经验表明，品牌是决定企业跨国经营成败的重要因素之一，品牌认知度是由市场进驻期限和市场销售规模决定的，企业应根据不同国家采取不同措施来提高品牌认知度。进行品牌宣传的方法有很多，除了常规媒体宣传外，企业在所在国建设一些民生工程、福利工程等来提高品牌认知度，而且这种举措容易获得当地政府和人民的认可，提高品牌影响力。此外，特变电工还借助政府的影响来提高品牌影响力，比较有代表性的是中国与巴基斯坦之间，巴基斯坦的许多公路等设施都是中国出资建设的，当地政府和人民对中国企业的接受程度很高，企业抓住中巴经济走廊建设机遇开展跨国经营，以较低成本来推动企业品牌国际化。

（3）大力培养国际化人才，打造世界级人才团队是关键。

由于历史、社会、地理等因素影响，新疆人才发展水平以及人力资源总量远远落后于其他省份，特别是高层次创新型人才、专家型技术人才以及具有国际化视野的高级经营管理人才极为匮乏，在很大程度上影响了新疆经济建设的质量、效率和新疆企业“走出去”战略实施的推动。因此，新疆企业推动“走出去”战略的实施，必须大力实施人才兴企战略，坚持科技人才优先发展，坚持引进和开发并重，造就素质优良、国际领先的产业工人、科技研发和职业经理人三支团队。新疆企业要有针对性地引进具有国际化背景的专业化人才，加快从国内外两个市场、团队中遴选品德高尚、业绩优秀者，选拔到企业的各级领导岗位，为企业“走出去”战略的实施夯实人才基础。

（4）始终奉行互利共赢，积极承担社会责任是保障。

在海外市场开拓的过程中，新疆企业要始终牢记企业本身不仅是项目的建设者，更是中国政府、中国人民的友好使者，是促进国与国之间和谐发展的重要使者。在建好项目的同时，要积极参与、扶持当地的民生建设，融入当地的经济社会发展之中，为企业“走出去”战略的实施营造良好的外部环境，保障企业“走出去”战略的健康可持续发展。

第 6 章　新疆本土企业品牌国际化战略选择建议

新疆本土企业实施品牌国际化战略，主要可从以下八个方面着手：一是抢占先机，提升新疆本土企业出口产品竞争力；二是因势利导，合理利用新疆优势提升品牌国际竞争力；三是八仙过海，鼓励企业采用多种模式开拓国际市场；四是弯道超车，新疆本土企业积极发挥品牌优势；五是抱团取暖，新疆本土企业应积极实施品牌联盟；六是居安思危，鼓励企业集群国际化发展模式；七是补网筑堤，建立健全新疆企业的投融资体系；八是未雨绸缪，加强企业国际化人才的培养。

6.1　抢占先机，提升新疆本土企业出口产品竞争力

商品竞争力可理解为商品满足市场需求的能力。一国生产在国际贸易中具有比较优势的商品，最终目的就是为了满足国际市场需求。偏好相似理论认为，产品的出口结构、流向及贸易量的大小取决于本国的需求偏好，而一国的需求偏好又取决于该国的平均收入水平。在国际贸易中，一国具有竞争力的商品必然首先

是在本国市场具有竞争力的商品；某类商品的比较优势往往是由其生产成本所决定的，生产成本在很大程度上取决于生产要素价格和生产率，而这两个因素会随着时间的变迁而变化。对于正在参与或准备参与国际贸易的新疆本土企业而言，第一步是充分了解出口目标市场需求，开发并生产具有较强竞争力的商品；第二步是把握中亚、欧洲、北美等国际市场的差异化需求，争取将商品推向纵深国际市场。这两步都需要预判市场需求变化趋势。在国际贸易的商品生产方面，可以参考高收入水平国家的市场需求，做好准备，抢占先机，切实提高新疆本土企业产品在国际市场的竞争力。

6.2　因势利导，合理利用新疆优势提升品牌国际竞争力

新疆是唯一与中亚地区接壤的通道，并且沿边与八个国家接壤，新疆与周边国家良好的多边关系为其对外经贸的发展提供了很好的平台，同时也促使了新疆企业的快速发展，提高了新疆企业的经济实力。新疆企业如果想要进一步提升国际竞争力，就必须积极参与中亚国家油气中下游产业建设，参与水电、火电、太阳能和风能发电等重大项目，加快新疆纺织、化工、设备制造等优势产业“走出去”的步伐。同时，在“走出去”的过程中选择新疆具有优势而周边国家尚处于劣势的产业，必须转变劳动密集型产品生产为主、科技含量低以及产品附加值低等状况，可以实施自主品牌战略，打造本土的品牌，以此推动企业的品牌产品的国际化，进一步拓展中亚市场乃至国际市场。

6.3 八仙过海，鼓励企业采用多种模式开拓国际市场

新疆本土品牌国际化有多种模式可供选择。从以往的案例来看，大多数企业选择单一模式进入国际市场，如中粮屯河选择了出口模式、新中基选择了海外并购模式、金风科技选择了海外投资模式。随着经济发展的速度越来越快，品牌国际化的模式也在向多元化方向发展。新疆本土品牌在进入国际市场时，可以根据自身品牌和产品的特点，选择多种模式并存的方式进入国际市场。

6.4 弯道超车，新疆本土企业积极发挥品牌优势

品牌作为一种无形资产，可以使企业获得高于一般价值之外的附加值，从而直接为企业创造商业利润。新疆本土企业长期以来缺少品牌或从事无品牌经营产品，只能在国际市场低价销售。另外，中国企业成为世界品牌的廉价生产基地。因此，企业要借鉴海尔和其他跨国公司创品牌的经验，走品牌经营之路，努力提高产品质量和附加值。改进市场营销，加强品牌的广告宣传，扩大和提高品牌知名度和美誉度。品牌一经注册就成为商标而受法律保护。所以，新疆本土企业应当增强商标意识健全商标管理制度，在创品牌的同时要及时在国内外进行注册，保护自己的知识产权。

6.5　抱团取暖，新疆本土企业积极实施品牌联盟

目前，新疆本土企业的力量比较薄弱，单个企业进入国际市场有很大的难度，而且在国际市场很难存活。新疆国际化起步晚，存在后发劣势。因此，相关联的企业形成战略联盟“抱团取暖”更加适合新疆企业进行国际化，从而达到共享企业外部因素，发挥企业之间存在差异的技术优势和管理经验，最终形成新的国际竞争优势，如北新路桥与中信集团的合作。

6.6　居安思危，鼓励企业集群国际化发展模式

企业集群国际化发展是指众多企业由于属于同一个产业内的不同生产环节以及地缘等因素而形成了产业集群，并且主要通过集群内龙头企业的带动实现集群的国际化。龙头企业是指集群内规模较大的、具有较强核心竞争力的企业。一般而言，在集群内部的龙头企业在集群的运作中能够为集群内其他中小企业提供信息服务、联络客源、引进先进技术、设备和关键零部件，增强集群内其他中小企业的生产能力。目前，中国经济开发区模式被带到中亚等国家，中国企业围绕产业链，集聚在中国资本投资或合资的产业园内，实现集体出海，实现品牌国际化，比如中国—白俄罗斯产业园等。

6.7 补网筑堤，建立健全新疆企业的投融资支持体系

新疆企业“走出去”，难以单独筹集到项目所需的全部资金，投融资风险也较大。因此，新疆有必要进一步加强银贸合作，银行应该为具备一定进出口业务以及信誉良好的新疆企业尤其是民营外贸企业提供资金支持。改革投资和融资体制，拓宽新疆民营企业的融资渠道，加大对新疆中小民营企业的融资支持力度。在投资核准、财税政策、融资服务等方面，应实现各民营企业与其他所有制企业一视同仁，公平对待，鼓励民营企业进一步“走出去”。建立健全为企业国际化服务的投融资体系，建立健全企业国际化投资风险的评估检测机构，建成自己的风险预警系统，从而营造安全的投融资环境。政府应该加大金融对企业“走出去”的支持，简化境外上市、并购、设立银行分支机构等核准手续，推进外汇储备多元化运用，发挥政策性银行等金融机构的作用，吸收社会资本的参与，完善人民币跨境支付和清算体系，稳步放开短期出口信用保险市场，为企业“走出去”提供长期的外汇资金支持，服务企业“走出去”。

6.8 未雨绸缪，加强企业国际化专业人才的培养

强大的国际化人才队伍是企业快速“走出去”的中坚力量。新疆企业“走出去”不仅需要技术性人才，还需要精通英语和俄语的国际化人才。目前，由于

新疆资源丰厚，劳动力成本低等原因，一大部分东部的企业把投资目光转向了西部地区。新疆企业应该把握好这个机会，加大国际化人才的培养力度和对国际化人才的跨文化培训，企业可以通过组织员工进行集体培训，鼓励员工积极参加其他高校举办的各类外经贸业务知识培训，还可以聘请国内外比较有经验的专家与企业的员工交流经验，也可采取“送出去、请进来”等多种形式。对具有管理经验和较高外语水平的经营者，有针对性地进行跨国运营方面的系统培训。有条件的还可派往国外大的跨国公司进行学习。培养适合企业发展的国际化人才，使之成为新疆企业“走出去”的支撑和保障。目前，我国在海外学有所成或正在深造的留学人员也很多，企业可制定相应政策，积极引进合适的人才，从薪资、福利、职业发展通道、长期激励机制等方面应对人才竞争环境。比如向员工提供有竞争力的薪资结构，包括奖金绩效，建立长期激励机制；对于有真才实学的技术类人才，企业应提供储备干部和高层管理人员的晋升方案，考虑股权激励；重视企业文化对员工的价值观和内心需求的引导。有未来长期发展规划的公司可以考虑建立自己的商学院来吸引、培育人才，建立健全人才发展规划、培育体系。

下篇：中国企业参与中亚市场开发的战略选择研究

第7章　前　言

7.1　研究背景

自古以来，中亚地区的战略地位就一直广泛受到世界关注。早在1919年，英国政治学家哈尔福德·麦金德曾提出“心脏地带说”，认为“谁统治心脏地带（中亚地区），谁就能主宰全世界”。在历史上，中亚五国曾是东西方的“文明桥梁”，承担着文化交流和货物流通的功能；而在当今能源短缺又需求日增的时代，由于地理位置特殊和能源丰富，中亚五国仍是世界主要国家必争之地。2005年，美国学者斯塔尔就率先提出以拓展美国在欧亚大陆势力范围为目标的“大中亚计划”；2011年，时任美国国务卿希拉里在此基础又提出了以建成覆盖整个大中亚地区的交通网和以阿富汗为中心的活跃经贸体系为目标的新愿景；与此同时，以俄罗斯为首的独联体国家也加快以中亚五国为重要发展对象的“关税同盟”“欧亚经济共同体”建设。为应对这种局势，中国依托“三步走”战略，早在“九五”计划时就提出以中心城市和交通要道为依托，形成若干个跨省经济区域的“西部大开发”等战略，包括以亚欧大陆桥等铁路大干线为纽带的经济带，全面广泛地开拓中亚五国市场。

中亚五国包括哈萨克斯坦、吉尔吉斯斯坦、塔吉克斯坦、乌兹别克斯坦和土库曼斯坦，面积共约400万平方千米，均为多民族国家，居住着10多个跨境民族，与我国有3300多千米的共同边界，是陆上往来于亚洲与欧洲的必经之地，可以说是亚欧大陆中心的重要节点，在当下中国企业“走出去”战略实施中具有不可或缺的作用。2013年9月，中国国家主席习近平在访问中亚地区期间进一步提出经贸发展的相关倡议，以点带面，从线到片，逐步形成区域大合作，实现“五通”，即政策沟通、道路联通、贸易畅通、货币流通、民心相通。中亚地区东邻亚太经济圈，西连欧洲经济圈，大部分中亚国家处在这两个引擎之间的“塌陷地带”，发展潜力巨大。

为应对经济全球化和国外跨国企业在世界范围的迅猛扩张，早在“十五”期间国家就提出了中国企业“走出去”战略。同时，中国企业也是落实国家对外开放战略最为重要的载体之一。越来越多的企业摸清中亚各国市场需求，找准合作方向，充分发挥优势互补，开发中亚市场的机遇远远大于挑战。在政府支持和市场推动的双重作用下，大量的中国企业与中亚五国进行贸易或投资，从而参与中亚五国市场。可以说，中国企业与中亚五国的贸易已取得较快发展，中石油、中石化、中国银行、中信、华为、中兴、小米、联想等在中亚地区几乎家喻户晓，与此同时，新疆特变电工、新疆三宝实业集团等新疆本土企业在中亚各国也得到了广泛认可。

截止到2016年底，中国已经是哈萨克斯坦最大的进口来源国和第二大出口市场；是乌兹别克斯坦最大的贸易伙伴、投资来源国、棉花出口目的地、电子设备和土壤改良设备供给国；是土库曼斯坦连续六年来最大的贸易伙伴以及最大的天然气出口目的地；是吉尔吉斯斯坦最大的贸易伙伴和投资来源国；是塔吉克斯坦最大的投资来源国、第二大贸易伙伴。国家统计年鉴数据显示，2016年，中国与中亚五国的贸易额达到1983亿美元，在中亚五国注册的中资企业达到了约

3356家，投资领域主要分布于采矿、建筑、制造、金融、航空运输、农业等行业。其中，对油气、采矿业的直接投资居首要地位，各种投资项目落地、产能合作深化和经贸合作园区发展迅速。中亚国家由于历史、经济发展水平等诸多因素，在基础设施、新能源、加工制造、农业等诸多领域发展滞后，迫切希望与中国及企业合作，实现优势互补、共同繁荣；而国内由于“新常态”、部分产能过剩以及开发中西亚和欧洲市场，也迫切需要进一步开拓国际市场实现持续发展。

因此，中国企业开发中亚市场具备“天时、地利、人和”大好机遇。抢抓机会，发挥地缘优势、政治稳定互信、产业互补等优势，制定具有竞争力的中国各国市场开发战略，快速有效占领中亚市场，是急于开发中亚市场的中国企业迫切需要做的事情。本书的主要研究是通过对中亚各国市场开发环境及现状、需求前景、机遇与挑战、中国企业成功经验与教训深入研究，提出可供中国企业和政府借鉴的开发战略选择。

7.2 研究目的与意义

7.2.1 研究目的

本书研究目的在于，基于经济全球化与西向开放背景，了解中亚五国市场的情况，对中亚五国资源禀赋、市场开发环境和现状、市场开发潜力以及机遇和挑战进行分析，并在此基础上，对当前中国企业进入中亚五国市场的动机、影响因素以及开发现状进行深入了解，并提出针对性的市场开发战略选择，为后续中国企业进入中亚五国市场以及开拓中亚五国市场提供借鉴，同时，也为中国企业品牌国际化战略提供有效建议。

7.2.2 研究意义

7.2.2.1 理论意义

从现有研究来看，学者多数从政治、经济、民族和文化等宏观方面对中国与中亚关系展开研究，关注中亚市场及中国企业在该市场开发战略的较少。一方面，本书以中国与中亚各国经贸往来的主要载体跨国企业为研究对象，对中亚市场开发环境、中国企业如何参与和占领中亚市场，展开系统全面研究，补充了相关研究；另一方面，通过引入人民币实际有效汇率，完善了贸易引力模型，从贸易竞争性、互补性及潜力三个方面对中国与中亚五国双边贸易进行深入系统研究，为中国企业与中亚五国的经贸合作提供理论依据。

7.2.2.2 实践意义

中亚五国在国际社会中的地位并不是十分突出，但由于其独特的地理位置和资源条件，承载了许多重要的地缘战略要素。本书关于中亚各国市场环境、发展现状、开发潜力、机遇与挑战、战略选择等的研究，对中国企业跨出国门、开拓中亚市场具有较强的借鉴作用；同时，中国企业在中亚市场的开发行为也为推进中国与沿线各国互联互通做出重要贡献。另外，本书对于中国政府和中亚各国政府开展国际贸易、繁荣经济和促进东西文明的交流与融合，提供了重大决策参考。

7.3 文献综述

7.3.1 国内外研究综述

7.3.1.1 国外学者对企业开发中亚市场的相关研究

国外对企业参与中亚市场开发的研究相对较早，前期主要聚焦于外贸方面。

Hymer（1970）以发达国家为研究对象，提出跨国企业在技术落后地区投资建厂，可实现研发成本的分摊，促使母公司利用资源进行技术创新，从侧面推动母国技术进步。Teece 等（1992）认为，发展中国家企业对发达国家直接投资的方式可获取东道国的先进技术，以实现自身的技术进步。MarKusen（1992）认为，在自由贸易环境中，如果一个国家相比他国具有竞争力，那么这个国家通过贸易得到的实际收入的增长速度必定高于他国；Carmichael（1995）认为对外贸易竞争力体现为一个国家的企业或者产业在国际市场上销售其产品的能力；独立后的中亚五国凭借吸引外国投资走上经济恢复的道路，哈萨克斯坦的外资增幅最为明显，在中亚五国未来经济发展中，外国资本会起到越来越重要的作用。Frederic（2005）认为，中国将超越俄罗斯成为对中亚地区最具影响力的大国，中国通过修建中吉乌公路、中哈石油管道等大型工程，中国商品大量通过新疆进入中亚市场。Andrew（2010）认为，中国从中亚主要进口石油、有色金属等自然资源，而主要出口服装、鞋类和家电等生活消费品。中国一些高科技公司进入中亚五国，在中亚各国的经贸活动中分量越来越大。Elizabeth（2010）指出，中国企业在中亚地区的投资行为与西方国家企业有明显区别，从成本效益的角度来看，中国在中亚修建道路、铺设管道看似不合算，因为中国的能源消耗主要集中在中国的东部，中国企业投资中亚的交通等基础建设项目有着更加宏伟的目标。卢西奥·布兰科·皮特洛三世（2015）从促进区域经济一体化角度提出，由于中国长期以来奉行的无附加条件政策，开发中亚市场会受到一些国家的欢迎，特别是资金和技术有限，需要资金建立新港口或进行基础设施建设的国家。西林·卡普斯缇娜和特雷维桑（2018）认为，开发中亚地区市场的根本目标是建立交通走廊，以方便进入外国市场，从而提高从中国到欧洲和中亚地区的货物运输周转率。同时，开发中亚地区市场也是中国试图利用日益增长的经济实力和影响力，加强和扩大同中亚国家的合作互动，从而创建一个互惠互利的经济、社会和政治关系，最终降低不信任度。

7.3.1.2　国内学者对国际市场进入模式的相关研究

在国际市场进入模式方面的研究，经过学者的数年努力，也有不少学者做出了不少的理论和实践工作。鲁桐（2003）研究表明，中国民营企业的国际化仍处于初期发展阶段，90%的企业选择国际市场进入模式为贸易式进入，且50%企业出于控制出口渠道和产品价格考虑，选择贸易式进入中的直接出口模式进入国际市场。肖凤英（2007）研究发现，新疆企业开拓中亚市场的进入模式从贸易式进入向契约式和投资式进入转变。张娟等（2013）发现中国民营企业倾向于投资已经密集投资的国家，主要从事制造和服务业，受市场寻求动机的影响，以承担更高风险的子公司形式进入国外市场。蒋冠宏（2017）考察了中亚、欧洲国家制度和资源对中国企业市场进入策略的影响，生产率高、资本密集和规模大的企业选择合资或并购；出口多的企业倾向于绿地新建。高振等（2018）发现企业规模越大及国际化经验越丰富，市场交易频率越高，选择股权模式的概率越大；实施多元化战略及市场交易环境和交易行为不确定性越大情况下，选择非股权模式的概率越大。

7.3.1.3　中国与中亚国家双边贸易的相关研究

国内学者对中国与中亚国家的贸易问题，一方面从双边贸易现状、规模、结构和模式出发，主要研究农产品贸易的互补性或竞争性。布娲鹣·阿布拉（2008）、李婷（2011）、齐晓辉（2016）主要从双边贸易的现状和结构角度分析了中国与中亚五国农产品贸易的互补性，研究表明，中国与中亚五国农产品贸易市场集中度较高，双边农产品具有较强的互补性；龚新蜀（2014）对中国出口中亚五国农产品的贸易现状、贸易模式分析表明，中国目前出口中亚五国的农产品主要集中在食品及活动物这一类，出口产品贸易结构失衡，出口产品的竞争性在不断下降。另一方面主要运用影响双边贸易潜力的重要因素，建立引力模型来测算中国与中亚五国的贸易潜力。马惠兰（2014）、黄涛（2015）、谭晶荣（2016）通过进出口国的GDP、人均GDP、人口、距离、农业产出增加值等变量测算了中国（新疆）与中亚五国在主要农产品方面的贸易潜力；高志刚（2015）在以上变量的基础上，第一次引用关税税率这一变量测算了中国与中亚国家的贸易潜力；张亚斌（2016）通过引入中亚国家对中国的直接投资额和贸易国的外贸依存度变量，详细测算了双边的贸易潜力；袁洲（2016）在常规贸易引力模型的基础上，探索性地引入金融参与程度、伙伴国出口商品结构变量对中国贸易的影响因素和贸易潜力进行分析，并发现其对双边贸易潜力起重要作用。王瑞等（2016）采用随机前沿引力模型研究了中国对若干国家的出口贸易潜力及其影响因素，发现中国对出口目标国家的农产品贸易效率呈递增趋势且贸易潜力增加显著，中国自身因素对双边贸易潜力的影响显著高于贸易伙伴的影响；刁莉等（2017）在测度了中国与中亚、欧洲国家的贸易竞争互补程度的基础上，构建时变随机前沿引力模型和贸易非效率模型研究分析中国对沿线国家的出口潜力和出口效率，发现区域贸易协定、基础设施、贸易和货币自由度四个因素对降低贸易非效率、促进出口增长有显著影响。

7.3.1.4 政府行为及支持政策的相关研究

秦放鸣（2006）深入分析了开拓中亚市场的政府行为、建设中国西部国际商贸中心的政策构建和环境营造，从而提出了独到的政策建议。柴利等（2007）从中央和新疆地方政府两个层面提出了政府在开拓中亚市场中应采取的措施，为企业开拓中亚国家市场创造条件，政府的支持行为对于企业而言起到至关重要的作用，但政府起到的作用也是有限的。黄剑辉等（2015）认为我国可以从完善关税、出口退税、引进外资和对外投资等的财税政策等方面来促进与中亚五国的贸易发展和双向投资。王素荣等（2016）认为海外投资具有高风险和高收益性，分析了我国与中亚国家协定的股息、分公司利润、利息和特许权使用费的预提税税率，论述了海外投资的税务筹划方法，为中国企业开发中亚市场提供了更加完善的建议。

7.3.1.5 企业层面开发中亚市场的相关研究

胡红萍（2008）通过对中国企业在中亚情况的分析，认为中国企业不断增加对中亚地区的投资，但未进入主流领域，许多困难阻碍着中国企业发展。段秀芳（2009）通过对中亚市场和新疆企业的优势分析，提出在建材、轻纺、食品等行业领域，新疆企业和中亚国家的合作空间比较大。柴利（2011）分析了金融危机后，我国外贸企业在中亚市场上可能面临的困境和阻碍，并提出了相应建议。杨殿中（2012）具体分析了中国企业对中亚五国直接投资的产业分布，并结合中亚五国新的产业发展战略，为中国企业在中亚市场的投资产业进行建议选择。张海霞等（2015）认为中国外向型企业开拓中亚市场面临政治和政策风险、文化风险、市场进入和管理风险等的风险。陆兵（2017）发现中国不断增大对中亚的投资，通过多样化合作方式，大量中国企业进入中亚市场，国企民营并重，以资源类为重点，同时研究了中国企业走向中亚市场的风险和防范措施。任玉娜（2020）研究认为，中国—东盟共建数字丝绸之路对缩小东盟的数字鸿沟、提升数字经济发展水平以及实现互利共赢的包容性发展，具有重要意义。

7.3.2 文献述评

经过对国内外文献梳理，本书发现国外学者更多关注中亚市场的战略意义和跨国理论的提出；国内学者则更多从宏观层面、经济层面来研究中亚市场，其中新疆学者偏多，总体而言，当前国内外的研究对中国企业开发中亚市场的借鉴意义有限。另外，从中国与中亚国家双边贸易研究来看，第一，这些研究大多是单从互补性、竞争性与潜力的一方面或两方面以农产品为研究对象，缺乏从竞争性、互补性与潜力三方面对全部商品（SITC0－9类）进行细致的分析；第二，贸易引力模型忽略了人民币实际有效汇率这一重要变量。本书根据中国企业的实际情况，实质性地总结分析了中国企业在中亚五国市场的开发潜力，通过引入人民币实际有效汇率，建立更完善的贸易引力模型，从贸易竞争性、互补性及潜力三方面对中国与中亚五国双边贸易进行深入系统研究。同时本书通过对中亚五国市场环境和开发现状进行全面分析，为中国企业开发中亚五国市场提供战略选择。

7.4 概念界定与理论基础

7.4.1 概念界定

7.4.1.1 市场开发

市场开发（Market Development）就是企业把现有产品销售到新的市场，以求市场范围不断扩大，增加销售量。市场开发的形式主要有三种：一是在当地发掘潜在顾客，进入新的细分市场；在当地开辟新的营销渠道，包括雇佣新类型的中间商和增加传统类型中间商的数目。二是开发新的目标市场，为新的顾客群提供服务。三是开拓区域外部或国外市场，主要是扩展市场区域，即从一个区域市场扩展到另一个区域市场，如从城市市场扩展到农村市场、从国内市场扩展到国外市场等。

7.4.1.2 市场开发战略

市场开发战略是现有的产品在原来的市场上无法进一步渗透的情况下采取的一种发展战略，一般适用于产品的成熟后期和衰退期。Kotler（2002）认为，市场开发战略是通过扩大市场范围，将企业当前的产品或服务打入新地区或新用户市场，从而获得更多的客户群体，增加企业经营规模，带来高收入和高盈利，具有全局性、整体性、灵活性、长期性的特点。赵强（2014）认为，市场开发战略是为了提高企业的市场占有率，以创造客户为目的，以结果为导向，根据市场调研结果，企业采取什么样的手段、方法、市场营销策略来打开目标市场，提高本企业产品的市场占有率的市场营销战略，具有在过程中进行监控和持续改进。Mbithi（2016）认为，市场开发战略是为企业产品拓展新顾客群和产品销量的战略，将现有产品或服务向新市场推广而产生的组合战略，通过实施市场开发策略，可以使企业获得新的、高质量的销售渠道，促进企业的生存和发展。本书认为，市场开发战略是由现有产品和新市场组合而产生的战略，即企业用现有的产品开辟新的市场领域的战略。具体来说，就是指企业以原有产品或改进型产品、新产品争取不同消费者群和开拓新市场的策略，发展现有产品的新顾客群，扩大产品销售量，拓展现有产品的销售区域，将现有产品向中亚五国市场推广，直至进入国际市场而产生的组合策略。

市场开发战略主要适用于以下六个方面：一是可得到新的、可靠的、经济的和高质量的销售渠道；二是企业在所经营的领域非常成功；三是存在未开发或未饱和的市场；四是企业拥有扩大经营所需要的资金和人力资源；五是企业存在过剩的生产能力；六是企业的主业属于区域扩张型或正在迅速全球化的产业。通过这一战略，可以使企业得到新的、可靠的、经济的和高质量的销售渠道，有助于为企业带来更多的收益，对于企业的生存发展具有重要的意义。

7.4.2 理论基础

7.4.2.1 竞争战略理论

波特（1980）的竞争战略理论是对全球企业发展和管理理论的完善，开创了企业经营战略的全新领域，将产业组织经济学和企业竞争战略进行创造性的融合，对于企业而言具有重大的意义。竞争战略的本质就是企业寻求竞争优势、创造竞争优势和维持竞争优势。战略的核心是竞争优势，而竞争优势又来自企业的活动，如产品设计、生产、营销、销售、运输等，既对企业成本有影响，也对企业的差异化有影响。波特提出了三种可供企业选择的竞争战略，分别是总成本领先战略、差别化战略和集中化战略。企业实施不同的战略，需要不同的资源、技术和能力，同时也承担着不同的风险。

总成本领先战略是企业通过一些措施尽最大努力来降低成本，从而降低商品价格，以此来创造和维持企业竞争优势。企业在管理方面对企业成本进行控制，将指标落实到每一个环节、每一个员工身上，有利于企业实行成本领先战略，可以使企业获得高于行业平均水平利润，也就是企业成本越低，高于平均的部分越多。企业的成本越低，在和竞争对手竞争时获得的主动权越大，竞争对手没有利润可获得时，自身企业成本低，就可以获得其他企业不可以获得的利润，从而获取胜利。差异化战略是与其他企业产品相比，企业自身在市场上的产品具有差异性和独特性，如包装独特、款式新颖、功能强大、技术先进等，这与众不同的战略可以使企业获得超常收益，可以使企业产品在众多产品中脱颖而出，引起消费者注意力，也可以获得更多的忠诚客户。集中化战略是企业主要占领某个特定的客户群、某一特定的产品系列或某一特定的地区市场。实施该战略的前提是企业在为特定的战略对象提供产品或服务时，比竞争对手效率更高、效果更好，结果是具有获得比行业平均利润更高的收益潜力。

7.4.2.2 全球营销理论

全球营销理论基于全球经济一体化背景，自20世纪60年代开始，逐渐成为跨国企业进行全球市场开发和扩张的主要指导理论，该理论经过三个阶段的发展：20世纪60年代到80年代的萌芽阶段，主要涉及全球广告、全球化观念；20世纪80年代到90年代的发展阶段，Levitt（1983）正式提出了“全球营销”概念，主要是全球管理的讨论以及“标准化”和“本土化”的争论；20世纪90年代至今的升华阶段，主要是建立了全球营销战略综合模型，使全球营销理论更加系统。该理论主要可以分为三个方面：标准化营销、本土化营销和整合营销。

标准化营销是不考虑各个市场彼此之间的差异，在各个市场提供标准化的产品、服务，甚至是营销策划，同时，对各个市场的管理也实施标准化，从而可以使企业更好地统一全球市场。Elinder（1963）率先提出标准化营销观点，包括广告设计和营销方面；Perlmutter（1969）提出EPG模式，也是支持标准化营销策略的。本土化营销是充分考虑和重视不同市场的差异性，企业在进行营销活动时，实施适合当地市场的营销活动，体现在产品、服务、营销策划和管理方面的本土经营。Samiee 和 Roth（1992）选取全球标准化企业和全球本土化企业进行实证研究，表明标准化经营对销售情况和业绩的影响没有通过验证，不符合传统的标准化营销观点。而整合营销是将企业的标准化和本土化进行整合，以企业经营目标为核心，整合全球市场的资源，从而提供出更符合各个市场的产品、服务、营销策划和管理，是对标准化营销观点和本土化营销观点的融合。

7.5 研究内容与方法

7.5.1 研究内容

本书主要基于经济全球化背景，在把握当前中亚五国市场和前人研究成果的基础上，对中亚五国的市场环境进行分析，结合中国企业在中亚五国市场的现状，同时，在当前中国企业开发中亚五国市场的机遇与挑战，总结中国企业开发中亚五国市场的驱动因素和阻碍因素，为其提供方式选择。

第一部分，前言。主要根据研究背景提出研究问题，对研究目的和意义进行阐述，阅读国内外相关文献并进行梳理和总结，提出研究思路，为本书确立研究方向。对相关概念进行界定，对相关理论进行梳理明确，为本书研究奠定理论基础。

第二部分，中亚市场开发环境与开发现状。主要包括对中亚市场环境分析、中亚市场开发的现状以及中国企业参与中亚各国市场的动机、影响因素、开发现状和新疆企业参与中亚五国市场的情况。

第三部分，中亚市场的需求前景分析。主要包括中国与中亚五国贸易竞争性分析、中国与中亚五国贸易互补性分析以及中亚五国贸易潜力实证分析。

第四部分，中国企业开发中亚市场的机遇与挑战，主要是对中国企业进入中亚五国市场的机遇与挑战分析。

第五部分，中国企业开发中亚市场战略选择。主要包括中亚市场进入方式选择、中亚市场竞争策略选择以及中亚市场目标市场战略选择。

第六部分，中国企业开发中亚市场战略实施保障措施。主要包括一些中国企业进入中亚五国市场的保障措施，从国家层面和企业层面来谈。

7.5.2 研究方法

文献查询法。充分利用石河子大学图书馆、兵团屯垦戍边研究中心资料室及《中亚速递》《丝绸之路经济带与向西开放》图书资源，同时从中国知网、超星图书、万方等电子数据库查阅相关文献，为研究搜集了必备的二手资料。

访谈和问卷调查法。通过对部分参与中亚各国市场开发企业尤其是来自新疆地区企业的调研，并以高层领导为调查对象，发放调查问卷，以获取企业参与中亚市场开发的意愿、自身能力、主要考虑因素、重点难点、中亚市场进入方式等信息，从而获取一手数据资料，为项目研究奠定扎实基础。

实证与规范分析相结合的方法。研究中采用相对贸易优势指数、出口市场相似度指数和双边贸易综合互补性指数，实证分析了中国与中亚五国各类商品贸易的竞争性与互补性，并在此基础上引入人民币实际有效汇率构建贸易引力模型，对中国出口中亚五国贸易影响因素和贸易潜力做了深入分析，而在此基础上，提出中国在提升市场竞争力、培育中亚市场开发潜力的建议属于规范分析。

第 8 章　中亚市场开发环境与开发现状

8.1　中亚市场环境分析

中亚五国是指乌兹别克斯坦、吉尔吉斯斯坦、土库曼斯坦、塔吉克斯坦和哈萨克斯坦，地处欧亚大陆腹地，东和中国接壤，西和高加索地区隔里海相望，南和阿富汗、伊朗相邻，北和俄罗斯相靠，总面积约 400 万平方千米，拥有约 130 个民族，拥有丰富的矿产资源，不仅储量丰富，位居世界前列，而且种类繁多。较为发达的产业主要有纺织业、采矿业和军事工业，农业以种植业与畜牧业为主。中国企业想要更好地开发中亚五国市场，离不开对中亚市场环境的分析，主要包括政治环境、经济环境、营商环境、资源环境以及技术环境。

8.1.1　中亚市场的政治环境

中亚五国独立以后，以宪法形式规定了发展政治多元化，确立了立法、行政和司法三权分立、相互制衡的国家体制，实行全民公决和普选制，确定干部任期制、总统治理国家的政治体制（苏祖梅，2013）。然而在政治现实中，出现了中亚地区特色，如总统集权，国家领导人权力过大，政府和议会更多时候是按照总统的意思执行事务，同时立法权和司法权也受到总统的影响，没有发挥自身的作用。

但总体而言，中亚国家由于总统的长期执政，可以使一些对外优惠政策得到延续，但中国企业也要注意由于中亚国家领导人变更而导致的一些政策变动问题。从政治环境方面看，哈萨克斯坦政治环境良好，同时也是目前我国在中亚的主要投资对象和投资最多的国家，然后依次是吉尔吉斯斯坦、塔吉克斯坦、土库曼斯坦和乌兹别克斯坦。对于政治环境的把握，可以帮助中国企业选择进入中亚市场的时机，从而取得良好效果。

8.1.2　中亚市场的经济环境

在中亚五国中，哈萨克斯坦是经济实力最强、与中国贸易关系最密切的国家；乌兹别克斯坦是经济实力排名第二、与中国贸易关系也较为密切的国家；土库曼斯坦经济实力排名第三，但发展潜力很大；吉尔吉斯斯坦和塔吉克斯坦经济实力相当，但吉尔吉斯斯坦的经济增长速度飞快。总体而言，中亚五国的经济呈现持续快速增长趋势，同时，居民的收入也在快速增加，经济环境逐渐变好，具有非常大的市场潜力（张建军和李扬，2017）。除吉尔吉斯斯坦和哈萨克斯坦之外，土库曼斯坦、塔吉克斯坦、乌兹别克斯坦都不是 WTO 成员国，在政策制定、实施、执行和监督方面很容易受到人为因素的影响，具有很大的随意性，这也就导致了标准对于不同国家出现差异和宽严问题（于爽，2017）。

截止到 2017 年底，中亚五国各国经济在 2011 ~ 2013 年快速增长后，2014 年后经济总量明显下降，但经济发展自 2016 年以来趋势慢慢变好，具体如表 8 - 1 所示。中亚五国经济发展梯度有明显差异，根据 GDP 划分，哈萨克斯坦为第一梯度，乌兹别克斯坦、土库曼斯坦为第二梯度，吉尔吉斯斯坦、塔吉克斯坦为第三梯度。以人均 GDP 和人均 GNI 衡量，五国贫富差距层次差异明显：一是按人均 GDP 划分，哈萨克斯坦为第一层次，土库曼斯坦为第二层次，乌兹别克斯坦处于第三层次，吉尔吉斯斯坦和塔吉克斯坦为第四层次，其中，2011～2017 年哈萨克斯坦人均 GDP 是最低水平塔吉克斯坦的 10 倍左右。二是按人均 GNI 划分，哈萨克斯坦、土库曼斯坦位列中高收入国家，而乌兹别克斯坦、塔吉克斯坦和吉尔吉斯斯坦均为中低收入国家。

表 8－1　中亚五国 GDP、人均 GDP 和人均国民收入情况

国家	指标	2011 年	2012 年	2013 年	2014 年	2015 年	2016 年	2017 年
哈萨克斯坦	GDP（亿美元）	1926	2080	2366	2214	1844	1373	1594
	人均 GDP（美元）	1163	12387	13891	12807	10511	7715	8837
	人均 GNI（美元）	8280	9940	11840	12090	11420	8800	7890
吉尔吉斯斯坦	GDP（亿美元）	62	66	73	75	67	68	76
	人均 GDP（美元）	1124	1178	1282	1280	1121	1121	1220
	人均 GNI（美元）	880	1040	1190	1250	1180	1110	1130
乌兹别克斯坦	GDP（亿美元）	459	518	577	631	669	608	487
	人均 GDP（美元）	1565	1740	1908	2050	2138	2106	1504
	人均 GNI（美元）	1530	1740	1970	2110	2170	2220	1980
土库曼斯坦	GDP（亿美元）	292	352	392	435	350	362	424
	人均 GDP（美元）	5650	6675	7304	7962	6433	6389	7356
	人均 GNI（美元）	4730	5560	6510	7200	7030	6820	6650
塔吉克斯坦	GDP（亿美元）	65	76	85	92	79	70	71
	人均 GDP（美元）	835	955	1040	1104	919	796	801
	人均 GNI（美元）	1000	1140	1320	1340	1240	1110	900

资料来源：世界银行。

8.1.3　中亚市场的营商环境

企业在开设、经营、贸易活动、纳税、关闭及执行合约等方面遵循的政策法规所需的时间和成本等条件构成了营商环境，是一个国家或地区有效开展国际交流与合作、参与国际竞争的重要依托、经济软实力的重要体现、提高国际竞争力的重要内容。营商环境的情况对于企业进入新市场，尤其是进入国际市场，具有重大的影响作用。

从世界银行发布的《营商环境报告》可以看出，哈萨克斯坦的营商环境总排名在几个国家中位居第一（土库曼斯坦未收录其中）。可以说，中亚国家除哈萨克斯坦外，其他国家营商环境都有待改善；从 2017 ~ 2019 年的报告中，我们可以看出中亚五国的营商环境指标从整体上来看都有所改善，如表 8 – 2 所示。哈萨克斯坦在保护少数投资者和执行合同方面排名比较靠前，吉尔吉斯斯坦在登记财产和获得信贷方面排名比较靠前，在其他指标的排名上，中亚国家的排名都比较靠后。为了使纳税更加容易，乌兹别克斯坦减少劳动税和强制性派款，或其他在利润和劳动以外的税，在纳税方面排名取得很大进步；为了加强对少数投资者的保护，吉尔吉斯斯坦和乌兹别克斯坦扩大股东在公司管理中的作用；为了使跨境贸易更容易，哈萨克斯坦和乌兹别克斯坦引进或改进出口文件的电子提交和处理程序，吉尔吉斯斯坦和塔吉克斯坦加强进出口海关管理和检查；为了使合同执行更容易，吉尔吉斯斯坦对适用的民事诉讼程序或执行规则做了重大修改，扩大了替代争端解决框架，哈萨克斯坦通过引入电子支付、电子程序服务，案件自动分配给法官或公布判决来扩展法院自动化，引进或拓展电子案件管理系统。

表 8 – 2　中亚四国营商环境指数排名

国家	哈萨克斯坦			吉尔吉斯斯坦			塔吉克斯坦			乌兹别克斯坦		
年份	2017	2018	2019	2017	2018	2019	2017	2018	2019	2017	2018	2019
综合	35	36	28	75	77	70	128	123	126	87	74	76
开办企业	45	42	36	30	29	35	85	57	60	25	11	12
办理施工许可证	22	51	35	32	31	29	162	136	135	147	135	134
获得电力	75	70	76	163	164	164	173	171	173	83	27	35
登记财产	18	17	18	8	8	8	97	90	91	75	73	71

续表

国家	哈萨克斯坦			吉尔吉斯斯坦			塔吉克斯坦			乌兹别克斯坦		
年份	2017	2018	2019	2017	2018	2019	2017	2018	2019	2017	2018	2019
获得信贷	75	77	60	32	29	32	118	122	124	44	55	60
保护少数投资者	3	1	1	42	51	38	27	33	38	70	62	64
纳税	60	50	56	148	151	150	140	132	136	138	78	64
跨境贸易	119	123	102	79	84	70	144	149	148	165	168	165
执行合同	9	6	4	141	139	131	54	54	61	38	39	41
办理破产	37	39	37	130	119	82	144	148	146	77	87	91

注：历年均未收录土库曼斯坦数据。
资料来源：世界银行《营商环境报告》。

8.1.4 中亚市场的资源环境

中亚国家具有丰富的油气资源，但主要集中在哈萨克斯坦、土库曼斯坦和乌兹别克斯坦，相对而言塔吉克斯坦和吉尔吉斯斯坦较为匮乏（李蕾和张帅，2018）。根据2017年《世界能源统计年鉴》发布的数据可知，2016年年底，哈萨克斯坦、土库曼斯坦和乌兹别克斯坦三国石油探明储量占世界的1.8%，其中，哈萨克斯坦石油储量丰富，约为390亿吨，三国天然气探明储量约占世界的10.5%，其中，土库曼斯坦天然气储量丰富，约占世界总储量的9.4%。哈萨克斯坦不少矿藏储量占全球储量的比例很高，如钨、铀、铬、铅、锌、铜、铁等；不少品种储量排名在全世界靠前，如石油、煤、黄金等。吉尔吉斯斯坦有大量储量世界排名靠前的优质矿产，如金、钨、锡、汞、锑、铁、黄金、水银。塔吉克斯坦矿产资源丰富，种类全、储量大，已探明有铅、锌、铋、钼、钨、锑、锶、金、银、锡、铜等金属，油气和石盐、硼、煤、萤石、石灰石、彩石、宝石等50多种矿产，其中，有30处金矿，总储量达600多吨。土库曼斯坦矿产资源丰富，主要有石油、天然气、芒硝、碘、有色金属及稀有金属等，其中，石油和天然气储量居世界前列。乌兹别克斯坦资源丰富，有近100种矿产品，黄金、天然气和铀的储存量居世界前列。

8.1.5 中亚市场的技术环境

中亚国家创新动力不足，信息技术发展不充分（王林彬和袁保生，2018）。根据《2017—2018 年全球竞争力报告》，从全球竞争力水平来看，2017 年哈萨克斯坦竞争力在全球排名第 57 位，而创新要素排在第 95 位，吉尔吉斯斯坦竞争力全球排名第 102 位，创新要素排名第 128 位，都处于要素驱动发展阶段。根据《2016 年全球信息技术报告》可知，哈萨克斯坦网络就绪指数全球排名第 39 位，在每百人手机订阅及成人识字率方面表现尤为突出，全球排名均为第 6 位，但在学校管理质量和移动网络覆盖率方面排名均在 100 位之后；吉尔吉斯斯坦网络就绪指数全球排名第 95 位，在政府通信技术推广、信息技术对商业模式的影响、信息技术对基本服务的影响等方面排名均在 120 位后面。总体而言，中亚国家在技术方面投入不足，面临技术装备落后的局面，而在农业方面表现出低机械化、落后加工技术和缓慢技术进步的粗放经营状态（王慧敏和翟雪玲，2017）。设施农业、轻工业、农业现代化技术有待加强，电子信息技术、互联网技术以及新能源技术有很大市场。

8.2 中亚市场开发的现状

8.2.1 中亚五国的产业结构

截至 2017 年末，中亚国家第一产业、第二产业比重合计仍不足 50%（见表 8-3），总体而言，除了土库曼斯坦的产业结构为“二、三、一”外，哈萨克斯坦、乌兹别克斯坦、吉尔吉斯斯坦、塔克曼斯坦均呈现“三、二、一”的产业结构特点，第三产业的比重最高。三次产业的比重是相对指标，中亚国家之所以形成此类产业结构特点，并不是因为经济已经发展到了发达国家的层次，而是由于中亚国家经济规模较小，第一产业和第二产业发展相对滞后，产业结构不合理所导致的结果，具体表现为：重工业发达、轻工业落后，原材料丰富、消费品缺乏，粗加工产品出口多、深层次加工品出口少，对资源和国际市场依赖严重（刘二虎，2018）。同时从表中可以看出，中亚五国第一产业比重都呈下降趋势；第二产业的占比相对高，但变化趋势不一样；除了土库曼斯坦，其余四国的第三产业都呈上升趋势且占比最大。

表 8－3　中亚五国三大产业结构情况

国别	产业类别	2011 年	2012 年	2013 年	2014 年	2015 年	2016 年	2017 年
哈萨克斯坦	第一产业	5.5	4.7	4.9	4.7	5.0	4.8	4.7
	第二产业	40.9	39.5	36.9	35.9	32.5	33.9	34.1
	第三产业	53.6	55.9	58.2	59.4	62.5	61.3	61.2
吉尔吉斯斯坦	第一产业	18.0	18.5	16.4	16.5	15.4	14.3	13.8
	第二产业	29.9	24.7	27.9	26.8	27.5	29.7	29.7
	第三产业	52.1	56.7	55.7	56.7	57.1	56.0	56.5
塔吉克斯坦	第一产业	26.9	26.2	23.1	26.8	24.7	22.7	—
	第二产业	25.3	24.8	25.9	25.5	27.5	30.3	—
	第三产业	47.8	49.0	51.0	47.6	47.8	47.0	—
乌兹别克斯坦	第一产业	19.5	19.2	19.0	18.8	18.2	17.6	19.3
	第二产业	32.9	33.0	33.2	33.6	34.5	32.9	33.5
	第三产业	47.6	47.8	47.8	47.6	47.3	49.5	47.3
土库曼斯坦	第一产业	1.0	8.5	8.5	8.3	9.3	—	—
	第二产业	62.9	66.6	63.4	60.7	56.9	—	—
	第三产业	36.1	24.9	28.1	31.0	33.8	—	—

资料来源：世界银行。

8.2.2　中亚五国的市场容量

8.2.2.1　哈萨克斯坦的市场容量

根据中国商务部国民经济部统计委员会 2017 年发布的《对外投资合作指南：

哈萨克斯坦》可知，2016 年，哈萨克斯坦社会批发及零售商品总额为 226.2 亿美元，同比下降 1.4%，国民收入不断提高，贫富差距正在缩小，城镇 10% 高收入家庭和 10% 低收入家庭之间的收入差距逐年下降，反映这种差距的指标"基尼系数"从 2001 年的 0.336 下降到了 2016 年的 0.278，表明财富在国民间的分配日趋合理，同时国民的购买力已超过了中等发达国家水平。

8.2.2.2 吉尔吉斯斯坦的市场容量

根据中国商务部国民经济部统计委员会 2017 年发布的《对外投资合作指南：吉尔吉斯斯坦》可知，2016 年，吉尔吉斯斯坦服务业市场总额为 86.25 亿美元，同比增长 5.5%。其中，贸易、汽车与生活用品维修的市场总额为 64.62 亿美元，同比增长 7.2%；宾馆饭店的市场总额为 2.98 亿美元，同比增长 9.5%；居民平均月工资约为 200.3 美元，收入相对物价水平明显较低，基本生活消费占居民支出的绝大部分，教育、医疗等可享受一定福利。

8.2.2.3 塔吉克斯坦的市场容量

根据中国商务部国民经济部统计委员会 2017 年发布的《对外投资合作指南：塔吉克斯坦》可知，2016 年，塔吉克斯坦零售总额约为 18.82 亿美元，同比增长 6.4%；截至 2016 年，居民收入总额为 31.7 亿美元，按实际价格计算同比增长 8.4%，实际可支配收入同比增加 10%，支出和储蓄总额为 36.99 亿美元，其中，购物和缴纳各种费用占支出总额的 60.8%。

8.2.2.4 乌兹别克斯坦的市场容量

根据中国商务部国民经济部统计委员会 2017 年发布的《对外投资合作指南：乌兹别克斯坦》可知，2016 年，乌兹别克斯零售业总额约合 314 亿美元，同比增长 11.4%，占 GDP 比重为 44.2%；居民储蓄率约为 31%，居民人均收入同比提高 11%；消费性支出占总收入的 69.7%，强制性支出占 7.1%，食品类支出占支出总量的 51%，非食品占 27.8%，其中，服装鞋帽类支出占 8.8%。

8.2.2.5 土库曼斯坦的市场容量

根据中国商务部国民经济部统计委员会 2017 年发布的《对外投资合作指南：

土库曼斯坦》可知，2016 年，土库曼斯坦国内贸易总额约合 144 亿美元，同比增长 16.7%。其中，零售贸易额约合 139 亿美元，同比增长 16.8%；批发贸易额约为 5.45 亿美元，同比增长 15%；汽车和摩托车批发零售及维修贸易额约为 3.49 亿美元，同比增长 11.9%。

8.2.3 中亚五国的对外贸易情况

8.2.3.1 哈萨克斯坦对外贸易情况

哈萨克斯坦已与190多个国家（地区）建立了贸易关系，主要贸易伙伴为俄罗斯、中国和意大利，占对外贸易总额的46.5%。自2000年起，哈萨克斯坦的对外贸易额以年均30%以上的速度增长。2016年，哈萨克斯坦对意大利、中国、俄罗斯和荷兰的出口占比分别为20.3%、11.5%、9.5%和8.9%；主要进口国为俄罗斯、中国和德国，进口占比分别为36.3%、14.6%和5.7%；2016年外贸总额619.5 亿美元，同比下降 18.4%，其中，出口 367.75 亿美元，同比下降 20.0%；进口 251.75 亿美元，同比下降 16.6%；外贸顺差 116 亿美元，同比下降25.4%[①]。出口主要商品有能矿产品、金属及其制品、化工产品、动植物产品和食品，而进口主要商品有交通工具、仪器设备、化工产品等。

8.2.3.2 吉尔吉斯斯坦对外贸易情况

近10年来，吉尔吉斯斯坦一直保持较高的外贸依存度，据吉尔吉斯斯坦官方统计，其出口总额连续6年维持在GDP的40%左右。2016年，与138个国家（地区）有贸易关系，其中出口 82 个国家。主要为瑞士，出口额 6.48 亿美元（42%）；其次为欧亚经济联盟成员国，出口额4.18亿美元（27.1%）；进口131个国家（地区）：从欧亚经济联盟成员国的进口额 15.45 亿美元（39.4%），从中国进口14.68亿美元（37.5%），从土耳其进口1.91亿美元（4.9%），从美国

① 资料来源：商务部，2017《对外投资合作指南：哈萨克斯坦》。

进口1.54亿美元（3.9%）[①]。根据吉尔吉斯国家统计委员会公布的数据，2016年，全年吉尔吉斯斯坦对外贸易进出口总额54.64亿美元，同比下降1.4%。其中，出口额为15.45亿美元，同比增长5.1%；进口额为39.19亿美元，同比下降3.7%。进口额是出口额的2.5倍，贸易逆差23.74亿美元，比2015年有所减少。出口产品主要为贵金属、农产品等，进口商品主要有机械设备、化工产品、石油产品、天然气、纺织品等。

8.2.3.3　塔吉克斯坦对外贸易情况

塔吉克斯坦参加的多边和区域经济合作组织有上海合作组织、中亚区域经济合作组织、欧亚经济共同体以及独联体八国自由贸易区协定。2013年3月，塔吉克斯坦正式成为WTO的第159个成员国。塔吉克斯坦正在考虑加入欧亚经济联盟。2016年，塔吉克斯坦主要贸易伙伴国是俄罗斯（10.36亿美元，占外贸总额的26.4%）、中国（8.85亿美元，占22.5%）、哈萨克斯坦（6.76亿美元，占17.2%）、土耳其（3.15亿美元，占8%）、伊朗（1.14亿美元，占2.91%）、瑞士（1.08亿美元，占2.75%）等[②]。据塔吉克斯坦统计署数据显示，2016年，塔吉克斯坦外贸总额为39.3亿美元，同比下降9.2%。其中，出口8.99亿美元，上升0.9%，进口30.31亿美元，下降11.8%，贸易逆差21.32亿美元。出口产品主要为贱金属及其制品、矿产品和棉花制品等，进口商品主要为矿产品、车辆、机械设备、粮食作物、化工产品等。

8.2.3.4　乌兹别克斯坦对外贸易情况

目前，乌兹别克斯坦与世界150个国家和地区建立了贸易关系，产品出口到138个国家，给予包括中国在内的45个国家最惠国待遇。现有外资企业约5000家；2016年，乌兹别克斯坦前三大主要贸易伙伴分别是中国、俄罗斯和哈萨克斯坦。2016年，乌兹别克斯坦外贸额227.2亿美元，同比下降10.1%，其中出

---

① 资料来源：商务部，2017《对外投资合作指南：吉尔吉斯斯坦》。

② 资料来源：商务部，2017《对外投资合作指南：塔吉克斯坦》。

口 111.1 亿美元，下降 13.7%，进口 116.1 亿美元，下降 6.45%，贸易逆差 5 亿美元[①]。主要出口商品有能源矿产和石油产品、服务、皮棉、黑色和有色金属、机械设备，主要进口商品有机械设备、化学产品、食品类产品、黑色和有色金属、石油产品。

8.2.3.5 土库曼斯坦对外贸易情况

土库曼斯坦于 1992 年 11 月加入经济合作组织，十几年来，先后与该组织各成员国建立了广泛的联系和合作关系。主要贸易伙伴为中国、土耳其、伊朗、俄罗斯、阿联酋、乌克兰、格鲁吉亚、意大利、美国和阿富汗。据土库曼斯坦国家统计委员会提供的数据，2016 年土对外贸易总额为 206.97 亿美元，同比下降 21.1%，其中出口额 75.2 亿美元，同比下降 38.2%，进口额 131.77 亿美元，同比下降 6.2%。主要出口商品有天然气、石油产品、原油、皮棉、液化气、纺织品，主要进口商品有机械设备、原材料、交通工具、日用消费品和食品。

① 资料来源：商务部，2017《对外投资合作指南：乌兹别克斯坦》。

第 9 章　中国企业开发中亚市场：动机、关键因素与开发现状

9.1　中国企业开发中亚市场的动机

中国企业开发中亚市场动机主要分为五种类型，分别是资源寻求型、贸易导向型、成本驱动型、机会导向型和政府导向型。

9.1.1　资源寻求型动机

中国经济的高速增长消耗了大量的资源和能源，出现了大量产能过剩的行业，导致了资源和能源约束经济增长的局面，这也是我国推行供给侧改革的一大原因。一方面，我国资源和能源需要合理配置；另一方面，中国企业以投资的方式开发中亚五国市场，利用中亚国家丰富的资源和能源，从而解决国内企业可能面临的资源短缺问题，这样就可以外延地扩大自然资源。中亚五国自然资源储量丰富，许多资源地储蓄量在世界排名前列，如石油、天然气、稀有金属、矿产资源等，然而这些矿物燃料资源在中国国内是短缺的，但又是中国企业必不可少的

发展要素，对于资源的寻求驱动着中国开发中亚市场。

9.1.2 贸易导向型动机

中国与中亚国家的贸易往来密切，中国企业频繁向中亚国家进口或出口某种产品，而大量的利润诱使企业在中亚国家投资建厂，利用当地的资源和劳动力往来贸易产品，可以说是最初的贸易行为，诱发了中国企业对中亚国家的投资行为。根据韩永辉（2013）、王三兴（2012）的研究，东亚一些发展中国家产业内贸易发展迅速，这些国家进口某类初级形式的产品，通过加工处理再出口同类高级形式的产品，同时，这种贸易方式正在向中亚等国家蔓延；在中国参与的产业贸易中，原料加工所占比重极大，进口初级矿物燃料和原材料，经过深加工再将中间产品和制成品出口。中亚国家具有丰富的矿产资源和燃料资源，但由于自身工业水平落后，造成了需要向国外进口深加工后的工业制成品局面，而中国的工业水平比较高，但在有些能源方面比较匮乏，中国和中亚国家具有互补的产业贸易关系。这种产业内贸易可以使企业获得大量利润，驱动中国部分加工行业和企业转移到中亚国家，直接在中亚国家投资设厂，利用中亚五国矿物燃料资源进行工业制成品的深加工和生产。

9.1.3 成本驱动型动机

中亚五国工业基础比较薄弱，拥有大量的劳动力资源，使得中国一些劳动密集型行业企业向中亚五国转移，以利用当地的廉价劳动力降低生产成本。众所周知，中国以前在参加全球价值链分工时，就凭借着低价格劳动力和低成本优势，同时也吸引着国外企业在中国投资。但最近中国的劳动力成本越来越高，低价劳动力优势已经慢慢减少，使得中国企业纷纷向周边的发展中国家转移，而中亚国家刚好可以提供一些廉价的劳动力，一些中国企业进入了中亚市场。越来越多拥有成熟技术的中国企业到中亚市场进行投资，一方面，中亚国家拥有广阔的发展空间；另一方面，中国企业可以通过扩大利润，分摊核心技术的高额研发投入，同时也推动了我国企业和核心技术进步，提高企业的创新能力，为企业带来更多的竞争优势，也为整个行业起到了示范作用，利于产业升级（程贵等，2017）。为了追求更低的企业成本，驱动着中国企业开发中亚五国市场。

9.1.4 机会导向型动机

中亚五国目前都是转型经济体，根据世界银行数据显示，2016 年以来中亚五国整体经济总量呈下降趋势有所改变，除乌兹别克斯坦外，其余四国经济增长速度开始有所回升，其中不少中亚五国的弱势产业，我国却是有多余生产能力的，可以说中亚市场存在很多中国企业发展机会。在中国经济发展过程中，部分产业已成为我国经济增长的动力极，国内市场发展的机会在产业趋同、产品同质化的激烈竞争中越来越少，而中亚五国市场却拥有大量的市场机会和发展空间。中亚国家不仅面临经济转型问题，也处在工业化初期，实现工业化的道路是发展重工业、建立基础工业体系，而我国正好拥有一些竞争力强的重工业领域企业，如钢铁、化工等，这些企业开发中亚市场，既对中亚国家的经济有很大的促进作用，又可以发挥我国企业的规模经济优势，同时中亚市场上的丰富资源和能源，也为这些企业提供了巨大的机会。目前，中亚经济的发展水平还是相对较低。虽然对于家电、手机、计算机等消费电子类行业进口需求较低，但经济的快速发展和消费者收入水平的提升，也给这些中国企业带来了无限商机（王月和李新英，2017）。可以说是中亚五国市场上的机会吸引着中国企业进入中亚五国市场。

9.1.5 政府导向型动机

中亚五国对于新疆边贸发展具有非常重要的地位，基于国内产业优质富裕产能转移和国家战略合作的目的，当前需要大力引导中国企业开发中亚五国市场，尤其是在能源市场和基础建设市场。如在能源市场方面，中石油、中石化已在中亚市场投资了多个项目，同时，中国对吉尔吉斯斯坦、塔吉克斯坦以及乌兹别克斯坦的金属采矿业进行大量投资，也带动了配套的地质勘探业、开采设备出口和技术咨询等产业的中国企业投资行为；在基础建设市场方面，由国家出面，达成了一系列基础建设项目，如道路建设、管道建设等，主要有国有企业承接这些大型建设项目；而在配套的金融方面，国家开发银行、中国银行、中国工商银行已经在中亚国家设立了分行或办事处，主要为中国与中亚国家相关的政府合作项目或企业投资项目提供贷款和汇兑服务（陆兵，2017），给中国企业开发中亚五国市场提供了巨大帮助和便利。政府提供的政策和引导也是中国企业进入中亚五国市场的动机。

9.2 影响中国企业开发中亚市场的关键因素

9.2.1 中亚五国是开发市场关键的客体性因素

中亚五国的政治、经济、文化和法律等因素，对于开发中亚市场的中国企业而言，都是关键的影响因素。企业在开发国外市场时，国外市场的政治、经济、文化、法律的环境因素起到至关重要的作用，如果国外市场政治动乱、经济不景气、文化冲突、法律环境不完善，企业甚至有的时候根本就不考虑开发这个国外市场。在政治方面，我国与中亚五国建立了良好的外交环境，为中国企业开发中亚市场提供了友善的政治环境，但同时中亚国家的一些不安全因素也在影响着中国企业的投资决定。在经济方面，我国和中亚国家已经开展了多个层次的经济合作，共同开发多项重大项目，在能源合作和经济贸易方面已经取得了显著效果，为中国企业的开发行为提供了经验和借鉴模式。但由于经济条件和文化差异，中国企业在中亚市场上的合作模式多为粗放型，很难达到理想的经济效益。在法律方面，虽然近几年中亚国家在不断完善法律，为投资者营造良好的投资环境，但总体而言，中亚国家的法律还是不稳定，经常出现法律变更和修改的情况，如土库曼斯坦的涉外经济法的相关条文和规定经常出现变动和修改。因此，中国企业在开发中亚五国市场时，受到来自中亚五国因素的影响。

9.2.2　大国角力和利益博弈是关键的环境性因素

在地缘战略方面，中亚国家具有重要性，使得各个大国都积极进入到中亚地区，在中亚国家实施一系列的政策、活动和战略意图，从而可以在中亚地区获得更多的经济效益，同时也获得一定程度的领导权，尤其是大国霸权主义和强势区域国家。如美国为了压制俄罗斯在中亚地区的影响力和防止宗教势力的扩张，战略目标多为促进政治稳定、市场经济发展，确保安全合作，从而建立串联东西两洋战略的陆地战略链条；而俄罗斯为了淡化美国的影响力，也采取了一系列战略来维护国家的利益；而两国对于中亚国家的扶植和竞争，同样也会影响着中亚国家的政治安全和稳定性。而在中亚市场的美俄国家的竞争对手，也会为了相应国家的政策和战略意图，进入中亚国家的一些领域，开展一系列营销活动，在市场上形成一定的行为改变，这些大国影响因素也在影响着中国企业开发中亚五国市场。

9.2.3　地缘优势与区位优势是关键的非替代因素

9.2.3.1　地缘优势

地缘优势互补的区域地理优势是新疆对外贸易发展的动力所在，也为中国企业“走出去”实施国际化战略、开拓中亚市场提供了良好的贸易基础条件。新疆位于我国西北部，地处欧亚大陆腹地，是古丝绸之路的必经路段之一。新疆与8个国家为邻，即东北与蒙古比邻，北部同俄罗斯接壤，西北部及西部分别与哈萨克斯坦、吉尔吉斯斯坦和塔吉克斯坦接壤，西南部与阿富汗、巴基斯坦、印度接壤，边境线长达5600多千米，是我国边境最长，对外口岸最多的一个省区，这使新疆对外开放具有得天独厚的地缘优势。

9.2.3.2　区位优势

新疆周边与多国接壤，在历史上是古丝绸之路的重要通道，现在是第二座“亚欧大陆桥”的必经之地。“中欧班列集结中心”在乌鲁木齐市的建立为新疆的发展带来无限可能，大量的物流、商流、资金流涌入乌鲁木齐，为新疆成为未来的商贸物流中心奠定了基础；喀什、霍尔果斯和乌鲁木齐均设立了国家级综合保税区，为企业品牌国际化奠定基础；中巴经济走廊的建设也为新疆企业“走出去”提供了更多的投资发展机会。

9.2.4　产业互补与扶持政策是关键的动力性因素

新疆具有独特的区位优势和地缘优势，与中亚各国在“资源禀赋”上客观存在的自然资源差异性，充分显现出边贸合作与产业互补性，不仅有助于增强各国之间的贸易交流和要素流通，同时，也充分展示新疆作为中国的边疆地带，对与中亚国家贸易发展、能源合作、国际交流等方面存在着巨大潜力。中亚国家原木、矿产、天然气等各类资源较为丰富，新疆与中亚国家之间自然资源存在互补性，近年来，我国的经济发展的态势良好，对资源、矿产能源方面的需求日益旺盛，以此为基础的贸易产业之间的发展也深具潜力。同时，中国政府出台了一系列有利于中国企业“走出去”的扶持政策，为中国企业开发中亚市场提供政策支撑和外贸拓展动力。如在财税政策支持上，给予更大的税收优惠政策等，为中国企业进入中亚五国市场提供财税政策基础；在道路建设和货币沟通方面提供了大量支持，有利于中国与中亚国家的公路、铁路、管道、口岸等的全面连通，大大完善了基础设施，为中亚市场的开发提供基础。加之我国供给侧改革、去产能以及转移优质富裕产能政策，这些因素均影响着中国企业开发中亚五国市场深度和广度。

9.2.5 企业品牌与竞争力优势是关键的内生性因素

中国与中亚五国的独特地理位置和地缘互补性是双方扩大贸易规模的重要动力。中国与中亚五国相邻，使得中国和中亚五国贸易时，具有优越的区位优势。中国是一个多民族国家，拥有55个少数民族，而这些民族中有的和中亚国家民族拥有相似的风俗习惯以及消费习惯，尤其是在我国新疆地区，拥有13个世居民族，这些民族和中亚世居民族拥有相通的语言文化，便于和中亚国家进行沟通交流，同时这种民族多样性、文化多元性及跨界民族现象，可以使中国企业更好地了解中亚消费者的消费习惯和偏好，为中国企业开发中亚五国市场提供了可能，有助于中国企业了解中亚五国市场的文化，减小文化差异对开发中亚五国市场的负向影响。

中国企业具有品牌优势，目前，已涌现出一批中亚五国市场知名的优秀品牌，如中石油在哈萨克斯坦、土库曼斯坦石油和天然气领域的投资；紫金集团在塔吉克斯坦黄金领域的投资。这些合作增加了中亚各国对中国企业的了解和信任，同时也为中国企业进入中亚五国市场提供了经验和市场前景。以华为、联想、中兴等为代表的中国企业，已经在中亚市场形成品牌优势，具有高知名度和美誉度，已经在中亚市场中的通信行业占据了一定的主导地位，为更多的中国企业进入中亚市场提供了可以借鉴的经验以及模式，更多的是为“中国品牌”在中亚市场发展提供了基础。

9.3 中国企业参与中亚各国市场开发现状

9.3.1 中国企业对中亚五国的投资情况

近年来，中国企业在中亚五国的投资越来越多，总量在逐年增加，投资领域也变得多样化，中亚五国成为了热点投资区域。中国对中亚五国的 FDI 总体上呈现快速增长，从 2011 年中国对中亚五国的 FDI 存量 40 亿美元，增长到 2017 年的 118 亿美元，增长到将近 3 倍①，但在各个国家的投资存量存在很大差异：哈萨克斯坦最多，占对中亚五国投资的 75%（薛曜祖和黄蕾，2017）；其次是塔吉克斯坦；然后是吉尔吉斯斯坦、乌兹别克斯坦、土库曼斯坦。在这些中国企业中既有国有企业，也有民营企业；既有大型企业，也有中小型企业。国有企业主要集中在资源型行业和能源型行业，包括矿业油气开采、道路建设、管道运输等主要采取绿地投资和创建合资企业两种方式，绿地投资比创建合资企业方式弊端更少，但都需要在前期投入大量的资金。而民营企业在中亚五国投资主要集中在市场寻求型行业，如通信、服装、食品、酒店以及纺织等。

中国企业在中亚国家的投资总体呈低层次、小规模和低效益特征，原因在于中国和中亚国家的社会环境差异、经济发展程度不同，制约着投资项目的选择；中国企业面临的现实问题就是大型投资项目少、技术含量高且效益好的项目少、长期合作项目少、品牌企业少、产业合作领域广度与深度不够；同时，中亚市场上的国际竞争激烈，既没有俄罗斯的政治优势，也没有土耳其的地缘资源优势，

① 资料来源：《2017 年中国对外直接投资统计公报》。

还没有美日韩的历史优势。目前，中国企业在中亚市场面临日趋激烈的国际竞争，主要竞争对手来自俄罗斯、韩国、日本、美国、欧盟、土耳其、伊朗等，与这些国家和地区相比，中国企业在中亚的对外直接投资没有俄罗斯的政治优势，缺乏土耳其、伊朗的地缘资源优势（路婧，2017）。这就要求中国企业在今后开发中亚市场时，要努力提升自身竞争优势，培养企业品牌意识，注重企业品牌打造，从而为企业的发展带来更多帮助。

中国企业在中亚投资现状在企业类型、投资领域、产业区域布局方面呈现不同特点。第一，企业类型的多样化，中华人民共和国成立初期以合资企业为主，到了1997年开始以国有大中型企业为主，而当前以国有企业、民营企业为主，而这些企业包括实体企业，也包括金融机构；第二，中国企业已经不单单选择中亚五国中的一个国家进行投资，而是在多个国家进行投资，如中石油、中石化、华为、中兴、南航等；第三，在投资中的民营企业有许多是来自新疆地区的，主要是因为新疆和中亚五国的地缘优势、民族文化优势，如新疆三宝实业集团、新康番茄制品厂、新疆特变电工、中泰化学、北新路桥公司、利华棉业集团等，如表9－1所示。

表9－1　中国企业在中亚五国主要投资领域情况

国家	主要企业名称	主要投资领域
哈萨克斯坦	中石油、中石化、中信集团、中水电、北方工业振华石油、中国有色金属、中国工商银行、中国银行、华为、新疆三宝、新康番茄制品厂等2637家企业	石油勘探开发、哈萨克斯坦石油公司股权并购、加油站网络经营、电力、农副产品加工、电信、皮革加工、食宿餐饮和贸易等
乌兹别克斯坦	中石油及其所属企业、中信建设公司、中工国际、中技、保利科技、中水电、华为、中兴、中煤科工、中元国际、中国重汽、南方航空公司、哈电、新疆特变电工、亿阳集团、鹏盛公司、华立仪表、中国铁道、中工国际等企业704家，代表处74家	油气勘探开发、天然气管道建设和运营、煤矿、电站、泵站、铁路和电信网改造、化工厂建设、土壤改良和制革制鞋及陶瓷等业务。涉及能源、化工、电子、轻工、建材、食品等领域

续表

国家	主要企业名称	主要投资领域
吉尔吉斯斯坦	中国路桥、上峰水泥公司、新疆特变电工、华为、中兴等260家企业	贸易、工程承包、通信服务、矿产资源勘探和开发、农业种植、养殖、食品和农产品加工、金属冶炼、建材生产、轻工业、运输、房地产开发、建筑、餐饮、旅游、娱乐等多个领域和行业
塔吉克斯坦	紫金矿业、塔中国际、华新水泥、海力公司、新疆特变电工、中国重机等	矿业、农业、电信、水泥等领域
土库曼斯坦	中石油及其所属企业、中石化、中石油技术开发公司、华为、中机进出口公司、江苏国泰公司等企业22家	油气、交通通信、纺织、化工、机械设备等

9.3.2 中国企业与中亚五国的贸易情况

中国与中亚五国的双边贸易规模呈逐年扩大趋势。根据联合国商品贸易数据库显示，2007~2017年，中国与中亚五国的双边贸易总体呈上升趋势，规模由2007年的810.2亿美元增加至2017年的1998.3亿美元，年均增长率为9.5%；中国从中亚五国的进口额由2007年的597.3亿美元上升到2017年的1003.2亿美元，年均增长率为5.3%；中国对中亚五国的出口总额由2007年的212.9亿美元上升到2017年的995.1亿美元，年均增长率达到16.7%，由此可见，中国与中亚五国的双边贸易处于良性上升通道，仍存在较大潜力空间（蒋宇宁和王雅莉，2018）。

中国和哈萨克斯坦的进出口贸易量总体呈快速增长趋势。2016年，双边交易额为78.8亿美元，减少了25.4%。其中，我国对哈萨克斯坦出口总量金额为36.7亿美元，减少了27.9%，占哈萨克斯坦进口总额的23.6%，减少了2.5%；我国对哈萨克斯坦进口总量金额约42.1亿美元，减少了23.1%，占哈萨克斯坦对外出口总额的12.8%，减少了0.5%；哈萨克斯坦方贸易顺差5.5亿美元，增加37.0%。

中国和吉尔吉斯斯坦自建交开始，双边贸易呈稳定增长趋势。2016年，中吉贸易额56.76亿美元，同比增长30.8%，其中，中方出口56.05亿美元，增长30.9%；中方进口0.71亿美元，增长21.6%。中国成为吉尔吉斯斯坦第一大贸易伙伴国和第一大进口来源国。

中国和塔吉克斯坦自建交以来，交流往来不断紧密，双边贸易呈持续增长趋势，在运输、能源资源等行业已合作了许多大型工程。据中国海关统计，2016年，中塔贸易额为17.56亿美元，比上年下降5%。其中，中国出口17.25亿美元，比上年下降3.9%；中国进口0.31亿美元，比上年下降40%。

中国和乌兹别克斯坦的双边贸易呈快速增长趋势。据中国海关统计，2016年，中国与乌兹别克斯坦双边贸易额36.14亿美元，同比增长3.4%。其中，中方出口20.07亿美元，同比下降9.9%；中方进口16.07亿美元，同比增长26.8%。中方贸易顺差4亿美元。中国已经超越俄罗斯成为乌兹别克斯坦的第一大贸易伙伴。

中国与土库曼斯坦的双边贸易呈现出快速增长趋势。2010年前，中方在双边贸易中长期保持大幅顺差。根据中国海关统计，2016年，由于世界油气价格大幅下跌和低位徘徊，中土贸易额大幅下降，双边贸易总额59.02亿美元，同比下降31.7%。其中，中方向土库曼斯坦出口3.38亿美元，下降58.5%；中方自土库曼斯坦进口55.63亿美元，下降28.9%。

9.3.3 新疆企业参与中亚五国市场的情况

新疆维吾尔自治区发改委统计数据显示，截至2016年底，新疆境外投资企业550家，项目分布在40多个国家和地区，主要集中在中亚五国。根据2015年在中亚投资的中国企业名单，中国企业中大概有25.71%的企业来自新疆地区（田广，2017）。

为更好地了解中国企业参与中亚五国市场的开发情况，课题组对新疆地区企业进行调研，并以高层领导为调查对象，发放问卷，以获取企业参与中亚市场开发的意愿、自身能力、主要考虑因素、重点难点、中亚五国市场进入方式等信息，获取第一手资料，为项目研究奠定扎实基础。

9.3.3.1 调研问卷设计

问卷由三部分组成，第一部分为企业的基础信息，了解企业的产品、品牌和企业性质。第二部分为企业参与中亚市场开发的相关信息，首先，了解企业进入中亚市场的动因、进入方式、进入程度以及进入时间；其次，深入调查企业开发中亚市场过程中的战略选择；最后，对企业开发中亚市场过程中遇到的困难进行了调研，希望能够针对企业在开发中亚市场过程中遇到的困难，提出有参考价值的对策建议。第三部分为问卷填写者的相关信息，根据问卷填写者的职位判断问卷内容的可靠程度。

根据对企业参与中亚市场开发的初步调研，锁定问卷调查对象为已经参与中亚市场开发和在未来3~5年有计划参与中亚市场开发的新疆企业。在新疆分别选择几家具有中亚市场开发实践经验和计划在3~5年参与中亚市场开发的企业，共发放问卷46份，剔除掉无效问卷和还没有打算参与中亚五国市场的企业问卷，收回有效问卷为18份，其中，有特变电工、天业、新疆野马、新疆三宝实业集团等已经在开发中亚市场道路上有所成就的新疆企业，也有新疆天富国际经贸有限公司、新疆前海集团有限责任公司、新疆珍果饮食品科技有限公司、塔城荣智食品工业有限公司、新疆永盛国际物流有限责任公司等具有中亚市场开发潜力的公司。

9.3.3.2 调研访谈设计

访谈的内容包括三个部分：第一部分为企业所在行业的情况，了解企业在本行业中的市场份额和优势以及企业所在行业的成长空间和企业在行业中使用的竞争战略；第二部分为企业概况，通过现场调研和访谈了解企业的经营范围、供应商情况、市场开发策略和企业管理团队；第三部分为企业的中亚市场开发进程，通过对企业高管的访谈，了解企业的中亚市场开发进程，在中亚市场开发过程中取得的成就和遇到的困难，深入地调查了企业的中亚市场开发战略规划和企业中亚市场开发过程中的影响因素。本章对新疆各行业中发展比较好的企业进行了实地调研，并对企业高管和当地中国人民银行分行相关负责人进行了现场访谈。在乳制品行业中访谈了天润乳业和西部牧业的高管，在化工行业中访谈了新疆天业、天富和银力的高管，在林果业中访谈了新疆果业、西域果园、冠农果茸等，共访谈企业 18 个；此外，对中国人民银行乌鲁木齐分行、石河子分行、伊犁分行相关人员就当地参与中亚市场开发企业的经营情况及趋势进行了访谈。

9.3.3.3 企业开发中亚市场的调研结果

新疆企业开发中亚市场的历程最早开始于边境贸易，以国有企业为主，但随着市场经济的发展以及经济全球化的发展，越来越多的民营企业进入到中亚五国市场，目前，新疆企业在参与中亚市场中以贸易为主，但逐渐形成多种贸易方式并进和经济技术合作深入发展的格局。

在进入模式上主要有三种类型：第一种是贸易式进入模式。如新疆野马、天业、金风科技、八钢等企业，主要以初级产品和劳动密集型产品为主，但不能很好地满足中亚国家的需求，这些企业正在不断调整商品结构，生产高科技和高附加值产品的企业所占比重逐步增大。第二种是契约式进入模式。如特变电工、北新路桥、兵团勘测设计院等企业，不是以产品初级加工形式进入中亚市场，而是劳务输出、原料加工、专利转让以及大型基础设施建设合作等多个领域，并取得了显著经济成果。第三种是投资式进入模式。如华凌集团、中泰化学团建工、伊犁卓万服饰等企业，主要涉及风力发电、大型商品交易市场等领域。

在进入动机上，主要是市场导向型和政府导向型，占比达 76%；在竞争策略选择上，目前主要是成本领先战略和差异化战略；在目标市场战略选择上，主要是“滚雪球”战略和“撒网开花”战略。

在进行调研的企业中，36%的企业认为中亚市场的潜力是很大的，24%的企业认为中亚市场的潜力是一般大的，总体而言，企业还是很看好中亚市场。新疆的农业、畜牧业、乳制品加工业也较为发达，新疆与中亚各国的民族有相似的生活习惯、风俗等，所以农牧产品、乳制品在中亚地区具有一定的市场需求。而影响企业开发中亚市场的因素，主要是中亚五国的政治环境和社会环境较不稳定、领导人变动、文化冲突、极端分子的扰乱以及与进入企业之间存在着各种冲突。

9.3.3.4 企业开发中亚市场存在的主要问题

新疆企业在开发中亚市场过程中，主要遇到的问题是对中亚五国的法律法规不熟悉、在外投资缺乏保障、缺乏跨国经营管理团队、语言沟通障碍、汇率波动等问题，同时还存在跨境电商买卖双方信用度的问题，无法准确有效地对买方的信用度进行实时评价，这就给卖方企业带来了风险。由于缺乏产品的深加工环节，导致产业链不完善；缺乏自主特色产品，培育自主品牌的意识和能力比较差。

9.3.3.5 企业开发中亚市场的经验总结

一是坚持市场化为导向，项目选择、投资领域与运营管理必须坚持市场化的运作手段，依据市场供求规律，对外投资项目按照市场需求为引导，以经济效益为目标，实施企业现代化运营。二是推动企业本土化，充分熟悉境外当地的政治、经济、社会文化、法律、行业标准等制度环境，在投资、贸易、劳务等领域防范企业风险。三是明晰企业与国外相关管理部门权责关系，建立政策沟通长效机制，形成良好的合作关系，结合本地实际情况，进行本土化改进。四是在积极加强与央企等国企抱团合作基础上，借力国家财政转移支付与对口援疆资金，创新构建企业资金、政府资金和社会资本良性互动的投资体系，探索 BOT、PPP 等新型投资模式，降低投资风险，提升企业盈利水平。五是因地制宜，模式多元。针对不同地区和环境，要因地制宜开发，注重当地生态环境、法律、文化和制度环境，积极与本土企业或政府合作，探索适宜当地本土化的合作模式，达到兼顾资源开发利用效率和环境友好的开发效果。六是以构建优质高效、交流平台、境外园区、境内基地、科教联盟为重要手段，以大企业、大集团先行带动民营企业走出去为路径，谋划形成横贯境内外、纵连南北疆、内外联动、以外促内的区域合作格局，大幅提升中国企业的国际竞争力、资源配置力和市场影响力。

第10章　中亚市场的需求前景分析

本章以中国与中亚五国2000~2015年各类商品的贸易数据为基础，基于UN Comtrade数据库全部商品数据，采用相对贸易优势指数、出口市场相似度指数和双边贸易综合互补性指数，详细分析了中国与中亚五国各类商品贸易的竞争性与互补性，并在此基础上引入人民币实际有效汇率这一新变量构建贸易引力模型（崔登峰和邵伟，2017），对中国出口中亚五国贸易影响因素和贸易潜力做了深入分析。

10.1　中国与中亚五国贸易竞争性分析

10.1.1　中国与中亚五国相对贸易指数分析

由于中国与中亚五国在资源禀赋和经济发展水平方面存在差异性，双方在各类商品的出口方面表现出各自的比较优势。为更全面准确地测度中国与中亚五国各类商品的出口比较优势，本章运用具有代表性的由Balassa（1965）提出的相对贸易优势指数（RTA），该指数是在显性比较优势指数的基础上，考虑一国商品的出口竞争优势时，将本国从外国的进口也纳入进来，充分展现了一国商品在进出口市场上的比较优势，其计算方法如下：

$$RTA_i = \frac{X_{ia}/X_{ra}}{X_{in}/X_{rn}} - \frac{M_{ia}/M_{ra}}{M_{in}/M_{rn}} \quad (10-1)$$

其中，X_{ia}与M_{ia}分别为i国出口和进口商品a的价值；X_{in}与M_{in}分别表示i国出口和进口所有其他商品的价值；X_{ra}与M_{ra}分别表示除i国外其他国家出口和进口商品a的价值；X_{rn}与M_{rn}分别表示除i国外其他国家出口和进口所有其他商品的价值。当$RTA>0$时，表明i国a商品具有出口竞争力，相反，则表明i国a商品不具有出口竞争力。

根据相对贸易优势指数计算结果，从中国与中亚五国的全部商品来看，中国主要在SITC0、SITC1、SITC5、SITC6、SITC7、SITC8类商品方面具有一定的出口竞争力，尤其在SITC7和SITC8类商品出口方面竞争优势最明显，说明我国当前出口商品的竞争力主要依靠劳动密集型和资本技术密集型商品。中亚五国由于资源禀赋差异，主要在SITC1、SITC2、SITC3、SITC5、SITC9类商品上具有较强的出口竞争力，尤其在SITC2、SITC3、SITC9类商品出口方面竞争优势最明显，说明中亚五国主要依靠资源密集型商品形成了强大的出口竞争力。

从中国与中亚各国各类商品来看，在SITC0、SITC1类商品方面，中国一直保持着微弱的竞争优势，而中亚五国除吉尔吉斯斯坦和乌兹别克斯坦具有一定的出口竞争优势外，其他三国均处于劣势，其中，乌兹别克斯坦SITC1类商品出口竞争力已超越中国，且呈逐年上升趋势。在SITC2、SITC3、SITC9类商品方面，中国出口竞争力一直处于劣势，而中亚五国除塔吉克斯坦在SITC3类商品上处于劣势外，其他四国在这3类商品上均拥有超强的出口竞争力，其中塔吉克斯坦、土库曼斯坦、吉尔吉斯斯坦分别在SITC2、SITC3、SITC9类商品上的出口竞争力都遥遥领先于中亚其他国家，且竞争力都在不断增强。在SITC4类商品方面，中国总体上是处于劣势，中亚五国除哈萨克斯坦具有相对较强的竞争优势外，其他四国与中国一样处于劣势；随着近年来中国对该类商品进出口总额的不断减少，使中国在2015年竞争力由劣势转为优势。在SITC5、SITC6、SITC7、SITC8类商品方面，中国一直拥有较强的竞争力，尤其SITC7、SITC8类商品出口竞争优势最为明显，中亚五国除乌兹别克斯坦在SITC5类商品、塔吉克斯坦在SITC6类商品方面具有相对较弱的出口竞争优势外，其他三国在这四类商品上均处于绝对劣势。

10.1.2 出口市场相似度指数分析

相对贸易优势指数仅测算了一国商品出口竞争力的大小，但是究竟两国的商品是否存在竞争，还要看两国所出口的商品是否集中于同一个市场，如果两国同类商品出口竞争力都很强且市场又相同，则存在竞争关系；如果市场不同，则在该商品上两国不存在竞争关系。因此，本章采用由Glick R. 和Rose A. M（1999）提出的关于测度商品出口市场相似度指数（ESI）来衡量任意两国在第三方市场（世界市场）上的竞争性，计算方法如下：

$$ESI_{ij} = \left\{ \sum_{a=0}^{n} \left[\left(\frac{x_{ik}^{a}/x_{ik} + x_{jk}^{a}/x_{jk}}{2} \right) \times \left(1 - \left| \frac{x_{ik}^{a}/x_{ik} - x_{jk}^{a}/x_{jk}}{x_{ik}^{a}/x_{ik} + x_{jk}^{a}/x_{jk}} \right| \right) \right] \right\} \times 100 \qquad (10-2)$$

其中，a表示商品的类别，x_{ik}^{a}表示i国出口到k市场上a类商品的价值，x_{ik}表示i国出口到k市场所有商品的价值，同理，x_{jk}^{a}表示j国出口到k市场a类商品的价值，x_{jk}表示j国出口到k市场上所有商品的价值。该指数为0～100，指数越接近100，表明两国出口市场分布越相似，从而竞争就越激烈，反之则越小。

由表10-1可知，中国与中亚五国商品出口市场相似度指数（除2000年与2001年）均在30以下且呈不断下降趋势，这表明中国与中亚五国在世界市场上出口商品的总体相似度指数不高，彼此之间竞争关系微弱或不存在竞争。

表 10－1　中国与中亚五国出口市场相似度指数

年份	中亚五国	哈萨克斯坦	吉尔吉斯斯坦	塔吉克斯坦	土库曼斯坦	乌兹别克斯坦
2000	32.89	31.22	30.50	34.92	13.18	33.65
2001	31.57	30.69	32.80	31.88	12.06	36.22
2002	29.93	29.74	36.45	30.87	12.51	31.21
2003	29.73	27.90	38.85	26.08	16.25	35.14
2004	29.28	27.37	37.69	27.46	14.69	36.49
2005	28.63	25.93	39.25	32.76	11.32	39.70
2006	28.78	27.09	43.20	27.01	12.97	37.92
2007	29.95	28.03	40.65	27.12	10.93	43.08
2008	26.49	25.61	32.86	29.29	8.41	35.53
2009	27.00	24.63	34.74	29.94	14.22	32.32
2010	27.96	23.34	41.06	26.38	14.44	39.45
2011	26.03	22.59	47.78	29.58	8.74	41.61
2012	26.89	24.88	44.42	27.78	7.91	46.38
2013	22.43	20.17	49.29	27.56	7.26	40.49
2014	23.17	20.27	48.41	28.45	6.84	44.29
2015	24.21	19.94	45.14	28.21	7.38	42.71

资料来源：根据 UN Comtrade 数据库数据整理，并运用公式（10－2）计算得到。

从中亚各国来看，中国与吉尔吉斯斯坦和乌兹别克斯坦的出口相似度指数在 2000～2015 年均超过 30，且大致呈上升趋势，这表明中国与其商品出口结构趋于收敛，在世界市场上存在一定竞争，但竞争并不激烈。其中，中国与吉尔吉斯斯坦的出口竞争主要在 SITC6 类商品，与乌兹别克斯坦出口竞争主要在 SITC7 类产品，这两类商品出口相似度指数均在 17 左右，而其他类别商品出口相似度指数都在 5 以下，说明两国商品出口竞争微弱。而中国与中亚其他三国出口相似度指数都比较低，各类商品的相似度指数也均在 5 以下，所以中国与它们之间也基本不存在竞争。

10.1.3 中国与中亚五国贸易竞争性分析的小结

通过以上对中国与中亚五国各自出口商品竞争力（相对贸易优势指数）与市场竞争性（出口市场相似度指数）综合分析可知：虽然中国主要在 SITC0、SITC1、SITC5、SITC6、SITC7、SITC8 类商品方面具有相对较强的出口竞争力，中亚五国主要在 SITC1、SITC2、SITC3、SITC5、SITC9 类商品方面具有相对较强的出口竞争力，但中国与中亚五国无论总体商品还是各类商品，在世界市场上出口商品的相似度指数均比较低，由此得出中国与中亚五国在世界市场上出口竞争均十分微弱，或不存在竞争。

10.2 中国与中亚五国贸易互补性分析

10.2.1 中国与中亚五国贸易互补性分析

通过前文研究发现，中国与中亚五国的相对贸易优势指数（RTA）和出口市场相似度指数（ESI）均显示双边的商品贸易基本不存在竞争，但中国与中亚五国的商品贸易是否会存在明显的互补性呢？这是需要深入研究的话题。为了证实上述猜想，本章接下来将运用于津平（2003）提出的综合贸易互补性指数（TCI）来进行分析，该指数用公式可表示为：

$$TCI_{ij} = \sum_{k} [(RCA_{xi}^{k} \times RCA_{mj}^{k})] \times (X_{w}^{k}/X_{ww}) \tag{10-3}$$

其中，TCI_{ij}表示 i 国对 j 国的综合贸易互补性指数，RCA_{xi}^{k}表示 i 国在世界市场(W)上出口 k 类商品上的比较优势且 $RCA_{xi}^{k} = (X_{iw}^{k}/X_{iw})/(X_{ww}^{k}/X_{ww})$，$RCA_{mj}^{k}$表示 j 国在世界市场上进口 k 类商品的比较劣势且 $RCA_{mj}^{k} = (M_{jw}^{k}/M_{jw})/(M_{ww}^{k}/M_{ww})$，$X_{iw}^{k}$

表示 i 国出口 k 类商品的金额，X_{iw} 表示 i 国出口所有产品的金额，M_{jw}^{k} 表示 j 国进口 k 类商品金额，M_{jw} 表示 j 国进口所有商品金额。其中 TCI 指数越大表明两国商品贸易互补性越强。

根据表 10－2 可知，中国出口对哈萨克斯坦、土库曼斯坦与乌兹别克斯坦进口全部商品的贸易互补性指数基本在所有年份均大于 1 且总体呈上升趋势，表明中国对其出口全部商品与该三国进口全部商品的互补性比较强；而中国出口对吉尔吉斯斯坦与塔吉克斯坦进口全部商品的互补性指数基本都在 1 以下，但增速比较快，表明中国与这两个国家的贸易互补性并没有完全发挥，总体不是很强。而从中亚五国出口对中国进口全部商品的贸易互补性指数来看，乌兹别克斯坦和塔吉克斯坦对我国的贸易互补性基本在所有的年份均大于 1，而其他三国在 2010 年以后才达到对中国的贸易互补性指数大于 1 的水平，充分说明虽然中亚五国对中国的贸易互补存在明显的不一致，但近年来总体上互补性有所增强。

表 10－2　中国与中亚五国全部商品贸易互补性指数

年份	中国与哈萨克斯坦		中国与吉尔吉斯斯坦		中国与塔吉克斯坦		中国与土库曼斯坦		中国与乌兹别克斯坦	
	中对哈	哈对中	中对吉	吉对中	中对塔	塔对中	中对土	土对中	中对乌	乌对中
2000	1.06	1.11	0.78	0.93	0.46	1.37	1.00	0.99	0.87	1.52
2001	0.99	1.02	0.71	0.91	0.47	1.34	0.98	0.93	0.92	1.46
2002	1.02	0.93	0.71	1.04	0.47	1.25	0.97	0.85	0.98	1.01
2003	1.10	0.90	0.71	0.92	0.60	1.43	1.04	0.81	1.00	1.17
2004	1.12	0.95	0.68	0.90	0.70	1.36	1.11	0.87	1.03	1.21
2005	1.20	0.90	0.66	0.99	0.54	1.10	1.14	0.80	1.03	1.31
2006	1.22	0.89	0.71	1.02	0.60	0.98	1.16	0.84	1.03	1.13
2007	1.25	0.91	0.67	0.92	0.70	0.95	1.18	0.86	1.02	1.16
2008	1.30	0.97	0.67	0.65	0.92	1.01	1.25	0.89	1.06	1.15
2009	1.28	1.00	0.74	0.66	0.87	1.44	1.20	0.98	1.03	1.22

续表

年份	中国与哈萨克斯坦		中国与吉尔吉斯斯坦		中国与塔吉克斯坦		中国与土库曼斯坦		中国与乌兹别克斯坦	
	中对哈	哈对中	中对吉	吉对中	中对塔	塔对中	中对土	土对中	中对乌	乌对中
2010	1.25	0.97	0.78	0.98	0.87	1.38	1.20	1.12	1.04	1.40
2011	1.30	1.03	0.87	1.08	1.00	1.34	1.22	1.06	1.05	1.28
2012	1.38	1.03	0.93	1.07	0.92	1.27	1.25	1.06	1.04	1.21
2013	1.37	1.01	0.92	1.06	0.95	1.28	1.25	1.05	1.04	1.14
2014	1.41	1.06	0.89	1.10	0.91	1.29	1.20	1.13	1.01	1.19
2015	1.24	1.09	0.88	1.12	0.85	1.25	1.16	1.15	0.96	1.18

资料来源：根据 UN Comtrade 数据库整理，运用公式（10-3）计算得到。

从中国与中亚五国全部商品的贸易互补性分析发现，中国与乌兹别克斯坦和哈萨克斯坦的贸易互补性一直以来均较强，远高于中国与其他三个国家；与土库曼斯坦的贸易互补性在2010年后开始逐步增强并不断上升；而与吉尔吉斯斯坦和塔吉克斯坦贸易互补性相对较小，但中国与其互补性指数增长较快。总体来看，中国与中亚五国贸易整体上具有较强的互补性。但为进一步深入分析双方贸易互补问题，有必要在此基础上对具体类别商品的互补性展开研究。

10.2.2 中国与中亚五国各类商品贸易互补性分析

基于国际贸易标准分类，本章选常用的显性比较优势和显性比较劣势指数对中国与中亚五国2000~2015年各类商品贸易互补性进行测算。表10-3列出了中国与中亚五国存在互补程度最高的几类商品（括号内为互补性数值）。为了准确地反映各类商品互补性大小，本章借鉴武敬云（2012）对贸易互补性指数的分类标准，将其分成四个级别：将贸易互补性指数大于1的定义为“一级互补”，将贸易互补性指数介于0.5~1的定义为“二级互补”，将贸易互补性指数介于0.2~0.5的定义为“三级互补”，将贸易互补性指数小于0.2的定义为“四级互补”。鉴于篇幅，本章重点列举并分析贸易双方为“一级互补”与“二级互补”的商品。

由表 10－3 可知，中国出口商品与中亚五国进口商品存在“一级互补”的有 3 类，分别是 SITC6（主要以材料分类的制成品）、SITC7（机械及运输设备）、SITC8（杂项制品）；存在“二级互补”的商品主要有 3 类，分别是 SITC0（食品活畜）、SITC1（饮料和烟草）、SITC5（化学及有关商品）。中亚五国出口商品与中国进口商品存在“一级互补”的商品有 4 类，分别是 SITC2（粗材料，不能食用，除燃料）、SITC3（矿物燃料，润滑剂和相关材料）、SITC6（主要以材料分类的制成品）、SITC9（未分类商品）；存在“二级互补”的商品有 3 类，分别是 SITC1（饮料和烟草）、SITC5（化学及有关商品）、SITC8（杂项制品）。所以，从中国与中亚五国存在互补性的各类别商品来看，双边除 SITC4（动植和植物油，油脂和蜡）外，其他商品均存在较强的互补性，且主要集中在劳动密集型和资本技术密集型商品，而中亚五国出口与中国进口商品的互补性主要集中在资源密集型商品。

表 10－3　2000～2015 年中国与中亚五国存在互补性商品分类

中哈	SITC0（0.61）SITC6（1.85） SITC7（1.29）SITC8（2.56）	哈中	SITC2（5.46）SITC3（4.19） SITC6（1.17）
中吉	SITC0（1.02）SITC1（0.72） SITC5（0.52）SITC6（1.48） SITC7（0.77）SITC8（1.61）	吉中	SITC0（0.64）SITC1（0.64）SITC2（11.59） SITC3（0.76）SITC6（0.69）SITC8（0.56） SITC9（2.19）
中塔	SITC0（1.23）SITC5（0.57） SITC6（1.26）SITC7（0.51） SITC8（2.37）	塔中	SITC2（16.77） SITC6（3.87）
中土	SITC0（0.71）SITC6（2.31） SITC7（1.68）SITC8（1.42）	土中	SITC2（4.93） SITC3（5.24）
中乌	SITC0（0.72）SITC6（2.01） SITC7（1.42）SITC8（1.24）	乌中	SITC2（18.75）SITC3（0.99）SITC5（0.77） SITC6（1.13）SITC9（1.53）

资料来源：根据 UN Comtrade 数据库整理计算得到。

10.2.3 中国与中亚五国贸易互补性分析的小结

通过对中国与中亚五国双边贸易的竞争性与互补性研究发现，中国与中亚五国贸易往来的全部10类商品基本不存在竞争，且中国在SITC0、SITC5、SITC6、SITC7、SITC8类商品方面拥有出口竞争力，而中亚五国在SITC1、SITC2、SITC3、SITC5、SITC9类商品方面拥有出口竞争力，双边形成了较强的互补性。所以，无论是从所有商品还是从各类商品分析均表明，双边商品贸易除SITC4类商品外，其他类别商品基本不存在竞争，反而存在较强的互补性。由此可以得出以下推论：中国与中亚五国贸易存在弱竞争、强互补关系，双边贸易具有很大的发展与合作空间，贸易潜力广阔。但为进一步验证以上判断，本章运用研究贸易潜力的主流方法——引力模型，主要从中国出口中亚五国商品的角度来进行深入分析。

10.3 中国出口中亚五国贸易潜力实证分析

10.3.1 模型设定及各变量说明

贸易引力模型是国际贸易领域最常用来测算两国之间贸易影响因素的重要模型，后经国内外学者不断修改和扩展，将很多新的变量引入进去，如人均GDP、人口、文化、是否属于同一贸易集团等，使得该模型运用更加广泛。从前人研究来看，并未将人民币实际有效汇率指标引入模型，而人民币的实际有效汇率是影响双边贸易的一个重要因素（Selahattin，2000；Chou W.，2000；Baharumsmhah，2001；苏海峰，2014），因此，本章以Linnemann贸易引力模型为基础，结合贸书锋（2013）的研究，首次将人民币的实际有效汇率引入，并充分考虑将WTO与SCO（上合组织）等变量加入，构建了更为完善的中国对中亚五国出口的贸易引力模型：

$$\mathrm{Ln}EX_{ij}=\beta_0+\beta_1\ln Y_i+\beta_2\ln Y_j+\beta_3\ln D_{ij}+\beta_4\ln DGDP_{ij}+\beta_5\ln P_j+\beta_6\ln ReeR+\beta_7 Open+\beta_8 WTO+\beta_9 SCO+\mu_{ij} \quad (10-4)$$

关于被解释变量含义、预期影响资源来源和描述性统计说明如表10－4所示。

表10－4 变量含义、数据来源及其基本统计信息

变量名称	预期符号	变量含义	数据来源	均值	标准差	中位数	样本数
EX_{ij}	无	中国对中亚五国的贸易出口额	UN Comtrade 数据库	6.60	1.94	7.06	80
Y_i	+	我国的GDP	世界银行WDI数据库	8.87	1.57	8.97	80
Y_j	+	进口国GDP	世界银行WDI数据库	15.1	0.76	15.2	80
D_{ij}	－	两国之间的距离	www.geobytes.com	8.60	0.20	8.68	80
$DGDP_{ij}$	+（－）	人均GDP差值的绝对值	世界银行WDI数据库	6.79	1.29	7.35	80
P_j	+（－）	进口国人口	世界银行WDI数据库	3.78	1.17	3.81	80
ReeR	－	人民币实际有效汇率	IMF数据库	4.74	0.11	4.71	80
Open	+	进口国对我国贸易依存度	UN Comtrade 数据库	0.14	0.10	0.13	80
WTO	+	虚拟变量，两国是否为WTO国家	WTO网站	0.21	0.41	0	80
SCO	+	虚拟变量，两国是否为上合组织成员国	SCO网站	0.80	0.40	1	80

10.3.2 中国对中亚五国出口贸易潜力影响因素分析

10.3.2.1 基于所有商品的中国对中亚五国出口贸易潜力影响因素分析

本章基于2000～2015年中国对中亚五国出口所有商品的面板数据，运用STATA12.0软件进行普通混合最小二乘法估计（Pooled OLS），研究结果如表10－5所

示。从表 10 – 5 第二列可以看出，该模型调整后的 R^2 为 0. 9355，表明该模型所引入的变量可以在93. 55% 的程度上来解释中国对中亚五国出口贸易额变动情况；另外，通过对模型中各变量多重共线性检验，得出模型方差膨胀因子为4. 27，表明各变量之间基本不存在多重共线性问题；此外，采用了自然对数极大压缩了方差较大的变量，很大程度上克服了异方差问题。最后，本章得出了中国对中亚五国出口贸易潜力的方程：

$$\mathrm{Ln}EX_{ij} = 30.545 + 0.248\ln Y_i + 2.357\ln Y_j - 3.515\ln D_{ij} - 0.111\ln DGDP_{ij} - 0.335\ln P_j - 6.567\ln ReeR + 4.084Open + 1.044WTO + 0.927SCO \quad (10-5)$$

表 10 – 5　中国与中亚五国出口贸易引力模型实证结果

变量	EX_{ij}	SITC0	SITC6	SITC7	SITC8
C	30. 545 *** (3. 87)	10. 522 ** (2. 06)	22. 690 *** (3. 59)	10. 455 ** (2. 49)	50. 410 *** (6. 74)
$\mathrm{LnY_i}$	0. 248 ** (1. 98)	0. 163 * (1. 8)	0. 462 *** (3. 07)	0. 561 *** (5. 43)	0. 182 * (1. 94)
$\mathrm{LnY_j}$	2. 357 *** (11. 2)	1. 773 *** (7. 15)	2. 206 *** (6. 31)	2. 086 *** (9. 96)	2. 114 *** (9. 16)
$\mathrm{LnD_{ij}}$	–3. 515 *** (–4. 90)	–2. 901 *** (–6. 29)	–2. 025 ** (–2. 67)	–1. 457 *** (–3. 03)	–5. 537 *** (–8. 76)
$\mathrm{LnDGDP_{ij}}$	–0. 111 * (–1. 80)	–0. 189 ** (–2. 61)	–0. 106 * (–1. 81)	–0. 041 (–0. 98)	0. 024 (0. 30)
$\mathrm{LnP_j}$	–0. 335 ** (–2. 28)	—	—	—	–0. 602 *** (–3. 89)
LnReeR	–6. 567 *** (–4. 37)	–2. 335 (–1. 52)	–8. 234 ** (–5. 27)	–6. 198 *** (–5. 11)	–6. 759 *** (–4. 50)
Open	4. 084 *** (3. 20)	2. 669 *** (–3. 00)	7. 136 *** (4. 26)	—	8. 140 *** (6. 35)
WTO	1. 044 *** (3. 67)	1. 159 *** (4. 45)	2. 045 *** (6. 32)	0. 289 * (1. 71)	1. 438 *** (4. 74)

续表

变量	EX_{ij}	SITC0	SITC6	SITC7	SITC8
SCO	0.927*** (3.13)	1.799*** (8.85)	0.436* (1.86)	—	1.739*** (5.48)
$Ad-R^2$	0.9355	0.8755	0.9286	0.9381	0.9495
F	93.51	56.87	95.66	173.54	127.59

注：1. 括号内表示t统计值；2. ***表示 $p<1\%$，**表示 $P<5\%$，*表示 $P<10\%$。

从以上方程可以看出，在控制其他变量条件下，中国的GDP总量每增加1%，中国对中亚五国的出口额将增加2.36%，而中亚五国的GDP总量每增加1%，中国对中亚五国的出口贸易额只增加0.25%；人民币的实际有效汇率每上升1%，中国的出口贸易额将减少6.57%；进口国对我国的贸易依存度每上升1倍时，我国的出口额将增加59倍；中国与贸易国均是WTO或SCO成员时，则出口贸易额将高于非成员104%和92.7%；此外，双边距离、人均GDP的差值和进口国人口数量等因素则会对我国出口贸易产生明显的阻碍作用。

10.3.2.2 基于具体各类商品的出口贸易潜力影响因素分析

由以上分析可知，中国GDP、中亚五国GDP、距离、人民币实际有效汇率等变量显著影响中国对中亚五国整体出口商品贸易潜力，而对具体各类商品出口潜力是否会产生相同影响有待进一步探析；此外，对具体类别商品出口潜力影响的研究，也可作为对以上模型的稳健性检验，有助于提高研究结论的可信度。基于前文双边贸易竞争性与互补性得出结论，本章主要对SITC0、SITC6、SITC7、SITC8类商品展开研究（见表10-5）。

通过表10-5研究发现：总体上各因素对不同类别商品的出口影响与对整体商品出口影响的显著性相似，模型的拟合度都比较高，方差膨胀因子都在5以下，说明各变量基本不存在共线性，同时模型的稳健性也较好。但同时也发现，针对各类商品，同一变量对其影响存在较大的差异。主要表现在中国GDP总量对SITC6类商品、中亚五国的GDP总量对SITC7类商品、是否为上合组织成员国对 SITC0 类商品、是否加入 WTO 对 SITC6 类商品出口影响最显著，而人民币的实际有效汇率对 SITC6 类商品、两国距离对 SITC8 类商品出口阻碍最显著。

10.3.2.3 中国与中亚五国贸易潜力影响因素分析的小结

由以上对整体和分类商品出口贸易影响因素分析发现，中国与中亚五国的 GDP 总量、距离、是否为 WTO 成员国三要素是影响中国出口贸易最重要的因素，中国 GDP 每增长 1% 比中亚五国 GDP 每增长 1% 所带来的出口增长变化更显著；而其他因素，如人民币的实际有效汇率、进口国对我国的贸易依存度、进口国人口、是否为 SCO 成员国等变量会因出口商品类别的差异而对中国出口产生不同的影响。因此，疆内外企业在融入经济全球化发展，充分开发对中亚五国出口贸易潜力时必须适当考虑商品类别，结合双边商品贸易的竞争性与互补性，尽可能减小出口阻力，提高出口份额，增强出口产品竞争力。

10.3.3 中国对中亚五国出口商品贸易潜力分析

贸易引力模型的一个重要作用是通过对影响双边贸易各因素大小的测算来评估双边贸易的理论值，将该理论值与双边实际贸易额进行比较就可估算出双边的贸易潜力。借鉴高志刚（2015）的贸易潜力分类方法，将研究结果分为三类：第一类，当贸易潜力大于 1 时，称为“潜力再造型”，表明贸易伙伴间的贸易潜力非常有限，此时要积极寻找新的贸易增长点来拓展贸易发展空间；第二类，贸易潜力等于 1 时，表明贸易处于最优状态；第三类，贸易潜力小于 1 时，称为“潜力巨大型”，表明伙伴间的贸易潜力很大，市场尚未达到饱和状态，双方应尽量排除双边贸易障碍以推动贸易的快速发展，结果如表 10－6 所示。

表 10－6 2000～2015 年中国对中亚五国出口贸易潜力

年份	哈萨克斯坦	吉尔吉斯斯坦	塔吉克斯坦	土库曼斯坦	乌兹别克斯坦
2000	0.9074	0.9599	1.5132	1.4204	0.6159

续表

年份	哈萨克斯坦	吉尔吉斯斯坦	塔吉克斯坦	土库曼斯坦	乌兹别克斯坦
2001	0.8133	1.0777	1.7297	1.0242	0.5968
2002	0.7969	0.9995	1.7118	0.8652	0.6048
2003	0.8019	1.0217	1.2917	1.0088	0.6995
2004	0.8325	0.9837	1.1532	1.1092	0.7826
2005	0.8487	0.9803	1.0434	1.1961	0.8359
2006	0.9161	0.9498	1.0097	1.1585	0.8450
2007	0.8245	0.9174	1.0137	1.1215	0.8415
2008	0.8909	0.9316	1.0372	0.9025	0.8358
2009	0.9102	0.9941	0.9856	0.9881	0.8625
2010	0.9543	1.0000	0.9879	1.0605	0.8618
2011	0.9565	1.0217	1.0687	1.0587	0.8570
2012	0.9349	1.0003	1.0327	0.9863	0.8307
2013	0.9165	0.9958	1.1594	0.9984	0.8043
2014	0.9314	0.9863	1.1206	1.0110	0.7991
2015	1.1841	1.0016	1.1479	1.0286	0.8242

资料来源：根据方程（10－4）将所得到的估计值与实际值相比计算而得。

基于上表分析，可以得出以下结论：

第一，中国与哈萨克斯坦出口贸易潜力除2015年外均属于潜力巨大型，总体变化十分平稳。进一步研究发现，2015年中哈出口贸易潜力变化，主要归因于中国GDP增长放缓的同时，哈萨克斯坦经济也出现了严重的下滑，致使中国出口哈萨克斯坦贸易额减少了42.85亿美元，所以它低于估计值，两国贸易潜力转向了“再造型”。但哈萨克斯坦作为中国在中亚地区最大的出口贸易伙伴，2000～2014年，中哈出口额增幅达95.29%，特别是在2012年中哈霍尔果斯国际边境合作中心正式运营以后，出口贸易额更是突破历史。因此，未来中国与哈萨克斯坦的贸易合作还有广阔的发展潜力。

第二，中国与吉尔吉斯斯坦出口贸易潜力在大部分年份均属于潜力巨大型，总体波动较小。尤其随着中国2009年成为吉尔吉斯斯坦第一大进口贸易伙伴以来，贸易潜力始终在1左右。吉尔吉斯斯坦作为中亚五国中最早加入WTO的国家，在中亚地区贯穿南北、联系东西，是中亚的商品集散中心，也是中国在中亚地区的第二大贸易合作伙伴，中国通过其可将商品运往欧洲市场。因此，未来中国与吉尔吉斯斯坦的出口贸易潜力依然十分巨大。

第三，中国与塔吉克斯坦出口贸易除2009年与2010年外均属于“潜力再造型”，但波动较大，当前中国对塔吉克斯坦出口商品结构不合理，总量较小。多年以来，中国主要向塔吉克斯坦出口SITC6与SITC8类商品，尤其是自2000年以来，平均以10%左右的年增速快速提升，截止到2015年，这两类商品的出口额已达到中国对塔吉克斯坦出口商品总额的66.6%，但中国对塔国的出口总额却仅有12亿美元，且随着当前塔吉克斯坦经济不断快速下滑，国内失业率和通货膨胀持续走高，中国未来对其商品出口增长将会面临巨大压力。

第四，中国与土库曼斯坦出口贸易潜力在2008年之前基本都属于“潜力再造型”，之后的年份基本都在1左右波动，出口商品结构较好。土库曼斯坦作为世界上能源资源最丰富的国家之一，其经济增长主要依赖对各类能源资源出口，2014年、2015年由于国际石油价格下跌，加之国内通货膨胀较为严重，给中国对该国的出口贸易带来了巨大冲击。在中国未来对其出口贸易中，必须适时调整出口商品结构，积极开拓新的贸易合作领域，扩大贸易合作空间。

第五，中国与乌兹别克斯坦出口贸易潜力在所有的年份均属于“潜力巨大型”，说明我国对乌兹别克斯坦的出口贸易尚有巨大的市场可以挖掘。中亚五国中乌兹别克斯坦拥有最多的人口，其GDP总量2015年达到667亿美元，近年来，该国经济增长强劲，中国对其出口贸易额也随之连连攀升，并在SITC0、SITC6、SITC7、SITC8等类别商品方面形成了较强的互补性。但由于当前两国交通并不通畅，货物运输多通过铁路，又必须经过哈萨克斯坦，这些因素严重制约了中乌两国的贸易发展。今后，双方在有利于发挥比较优势、促进区域协作分工的原则下，一方面强化出口商品互补性，另一方面要加快与乌方互联互通建设，增强贸易便利化，推进区域自由贸易合作。

10.4　本章小结

通过以上对中国与中亚五国双边贸易的竞争性、互补性和出口贸易潜力三个方面的实证分析，可得出如下结论：一是无论是对中国与中亚五国所有商品还是对全部各类商品的相对贸易优势指数、出口市场相似性分析，均表明双边商品贸易在世界市场上基本不存在竞争。二是通过对中国与中亚五国在所有商品的互补性方面分析发现，中国与乌兹别克斯坦和吉尔吉斯斯坦的贸易互补性一直较强，与其他三国的互补性则整体相对较弱，从 2010 年开始，互补性逐步增强；在全部各类商品方面，双边贸易中除 SITC4 类商品以外，其他类别的商品都存在较强的互补性，其中，中国出口对中亚进口存在“一级互补”的商品有 SITC0、SITC6、SITC7、SITC8 类，存在“二级互补”的商品有 SITC0、SITC1、SITC5 类；中亚五国出口对中国进口存在“一级互补”的商品有 SITC2、SITC3、SITC6、SITC9 类，存在“二级互补”的商品有 SITC1、SITC5、SITC8 类。三是中国对中亚五国的出口贸易潜力总体上处于“巨大型”。其中，中国与哈萨克斯坦和乌兹别克斯坦贸易潜力最大，基本一直属于“巨大型”；与吉尔吉斯斯坦贸易潜力基本属于最优状态；与塔吉克斯坦和土库曼斯坦贸易潜力属于“再造型”。基于以上研究，中国在提升市场竞争力、培育中亚市场开发潜力方面应做好以下工作：一是以“五通”为导向，着重从双边贸易的互补性和出口贸易潜力出发，尽快完善双边铁路、公路、航空等复合型交通网络建设，实现贸易便利化。二是要加强双边在各类能源资源领域的合作开发、初级商品和工业制成品的生产加工和物流配送。三是要适当调整对各个国家的进出口商品结构，其中，对哈萨克斯坦要继续保持当前出口商品结构，同时适当加大 SITC4 类商品的进口；对乌兹别克斯坦应进一步加强 SITC0、SITC7 类商品的出口，适当减少对其 SITC2 类商品的依赖；对吉尔吉斯斯坦与塔吉克斯坦应加大 SITC5、SITC7 类商品的出口，进一步增强互补性；对土库曼斯坦要尽量平衡进出口商品结构，适当减少 SITC2、SITC3 类商品的进口，加强 SITC5、SITC7 类商品的出口。

第 11 章　中国企业开发中亚市场的机遇与挑战

11.1　中国企业参与中亚市场开发的机遇

经济全球化发展、新亚欧大陆桥通道建设和向西开放战略，为中国企业开发中亚市场带来了新机遇，也为中国企业提供了巨大支持，指明了未来发展道路。越来越多的企业进入中亚五国市场，成为中国经济增长的新推力。而这些机遇中主要包括中国政府在政策资源方面给予大力支持、中国企业产能过剩迫切需要寻找新市场和中亚各国积极响应战略并出台优惠政策。

11.1.1　中国政府在政策资源方面给予大力支持

我国政府一直都在努力推进与周边国家的互联互通、政策互信、贸易条件便利化建设，主要体现在加强政策沟通、设施联通、贸易畅通、资金融通等方面，特别是在“政策沟通”和“资金融通”方面提供的支持为中国企业开发中亚市场升级了投资条件，也为中国企业走向中亚市场创造了良好的新机遇。在“设施联通”方面提供的支持有利于中国与中亚国家的公路、铁路、管道、口岸等的前面联通，大大完善基础设施，为中亚市场的开发提供基础。如先后成立的亚洲基础设施投资银行、丝绸之路国际银行、中哈产能合作基金等，并设立丝绸之路基金，在2017年宣布新增资金1000亿元人民币，同时还提供专项贷款，如基础设施、产能合作、金融合作等方面，鼓励国有企业、民营企业等各类企业参与。同时，中国企业也获得了地方政府的大力支持，新疆提出了以“三基地”为支撑，以“五大中心”为重点，以“十大进出口产业集聚区”为载体的全面发展方案。以上这些政府政策与资源方面的大力支持，都为中国企业开发中亚市场提供了良好机遇。

11.1.2 跨区域经贸合作已逐渐形成长效机制

随着中国与中亚国家之间逐渐形成了较亲密的贸易伙伴关系，使得有很多项对双方都有利的通商协定得以顺利进行，并逐渐呈稳步发展的态势。随着与中亚国家在政治、文化、历史等社会层面互通交流程度的不断加深，贸易合作也实现了由过去民间松散组织形态，完成了向有编制、更宽领域适应性的转变。近10年以来，中国与中亚国家进行了多次商贸合作，并在此基础上建立多种长期的合作机制，发挥各自的经济优势，充分地促进区域经济贸易繁荣。

11.1.3 中国企业产能过剩迫切需要寻找新市场

中国企业开发中亚市场另一大机遇在于企业产能在满足本国市场的前提下，有剩余的产能。在中国经济的发展过程中，中国有优质富裕产能需要向新市场进行转移，部分产业在我国经济中已经达到增长的极限。中国企业对于推动我国富裕产能向中亚市场转移起到桥梁作用，尤其是对于优质富裕产能的转移，同时，不仅可以使中国企业在新开发的中亚市场快速成长，获取相应的竞争优势，占领市场，也可以使加快调整我国经济结构，促进我国经济增长的质量和速度提升。

这些企业包括制造业，如通信、新能源、电站等；重化工业，如建材、化工、冶金等，也可以是具有竞争优势的纺织、服装、汽车等企业。同时，这些优质富裕产能也可以帮助中亚国家实现经济的发展，可以说是对于两国的产业结构都有调整作用。这些优质富裕的产能具有技术先进、性价比高的特点，为中国企业开发中亚市场提供基础和机遇。

11.2　中国企业参与中亚市场开发面临的挑战

11.2.1　大国及联合体博弈加剧，开发阻碍显性化

中国企业在开发中亚五国市场时会遇到大国及联合体之间博弈问题，中亚国家目前都是经济转型国家，发展比较落后，需要解决技术相对落后且自身资金和实力欠缺问题，而这些问题的解决需要与大国及联合体进行合作，本身中亚五国由于地理位置和能源丰富就受到全球国家的关注，多个国家结合自身利益以及中亚国家情况，在中亚地区提出经济合作方案。除了我国重视中亚市场开发外，美国在中亚地区提出过“大中亚”计划等经济合作方案，俄罗斯通过欧亚经济联盟发展在中亚国家影响力，欧盟在中亚地区提出“欧盟与中亚新伙伴关系战略”和《欧盟与中亚关系》文件，日本在中亚地区提出“中亚 + 日本机制”等区域合作机制。可以说是各个大国和联合体都在中亚国家通过经济合作方案或其他活动进行着博弈，彼此之间开展的活动都会在中亚地区造成一定程度的影响，也会在一定层面和程度上存在竞争行为，换句话说，其他大国和联合体实施的行为，将加剧国家之间对中亚市场开发、投资、经贸合作的竞争，也会在一定程度上影响中国企业开发中亚五国市场。

11.2.2 通关便利化程度低，贸易壁垒多样化

中国企业在开发中亚五国市场时往往会遇到烦琐冗长且低效的跨境程序，这在无形中增加了企业跨境贸易的成本，同时，对于一些保鲜产品和农产品而言，影响着产品的质量问题，阻碍着中国企业的开发行为。这其中多项进出口文件和入关证单是造成这种现象的主要原因，如塔吉克斯坦、土库曼斯坦、乌兹别克斯坦的进口证单时间均超过 100 小时①，在出口至中亚五国时，中国商品提供证单方面，乌兹别克斯坦和塔吉克斯坦 11 份、吉尔吉斯斯坦 13 份，甚至哈萨克斯坦超过 14 份（罗文标，2018）。由世界经济论坛发布的包含 136 个经济体的《2016 全球贸易促进报告》指出中国与哈萨克斯坦、吉尔吉斯斯坦、塔吉克斯坦在“边境管理效率与透明度指数”上的排名分别为 52、88、77、103，通过发布的数据明显可以看出，中亚国家的边境管理效率和透明度指数排名靠后，缺乏效率和透明度②。中国企业还经常会面临需要临时改变的海关手续，使得企业产品在海关上耗费大量时间，给企业的运量和效率带来很大影响，这也会增加企业的跨境贸易成本。同时中亚各国与中国的产品认证标准不一致，不仅实施进口产品的市场准入管制，还实施严格繁琐的卫生检疫制度、产品认证条款、环境保护条款、动物福利条款、社会责任条款等新型壁垒。

11.2.3 中亚民俗风物迥异，文化差异复杂化

大多数中国企业在开发中亚市场时都会遇到文化差异问题，如历史背景、接人待物、为人处事、工作习惯以及消费习惯等。在中国企业开发中亚市场初期，由于中亚国家的劳动力比较散漫，而中国企业又经常采取高度集中化的管理方

① 资料来源：世界银行网站 . 2018 年营商环境报告［EB/OL］. http：//www. doingbusiness. org/. 2018.

② World Economic Forum. The Global Enabling Trade Report 2016［EB/OL］. http：//www3. wefo-rum. org/docs/WEF_ GETR_ 2016_ report. pdf，2016.

式，就会存在一个相互之间的适应阶段。同时由于文化差异问题，而中国企业的驻外管理者往往又缺乏跨国管理经验，在与中亚五国政府、社区接触和沟通过程中出现不必要的摩擦和误会，使得一些投资行为失败或者是进一步阻碍中亚五国市场的开发进度。在与中亚五国进行合作时，由于语言翻译问题，往往导致合同在发生纠纷时，存在很大的争议，也使得合作过程中发生很多矛盾，阻碍市场开发活动的实施。调研中发现，大部分中国企业未对中亚市场消费者进行详细的调研，不是很了解该地区消费者的消费习惯，仅参考相邻市场的营销经验就贸然将产品在市场推广，可能出现文化差异问题，从而给企业造成较大损失，这也就是我们常说的营销和品牌本土化问题。每个市场的消费者都会有其自身的消费习惯、消费文化和消费特点，是企业在开发中亚市场时不可忽视的一个重点。

第 12 章　中国企业开发中亚市场的战略选择与实施保障

12.1　中国企业开发中亚市场的战略选择

12.1.1　中亚市场进入方式选择

中国企业进入中亚五国市场主要可采用三种方式，分别是投资式进入、契约式进入和贸易式进入。贸易式进入是指中国企业将产品出口到中亚五国市场；契约式进入是指中国企业将技术、资本、技能等资源转移到中亚五国市场；投资式进入是指中国企业与中亚五国当地资源结合，以独资或合资形式建立公司，享有公司的所有权和控制权，在中亚五国生产产品，也在中亚五国市场销售产品。

12.1.1.1　贸易式进入模式

该模式是中国企业以出口产品的方式进入中亚五国市场。贸易式进入模式是对于企业而言风险最小、投入最少、资源承诺也最少的一种中亚市场进入模式，同时也是进入中亚市场最快、最有效的方式，因此，面对中亚市场的风向和不确定性，被大多数中国企业作为开发中亚市场理想的第一步，帮助企业获得市场占有率，主要包括两种具体进入模式：直接出口和间接出口。如表 12－1 所示。调研中发现，新疆企业参与中亚市场开发主要采取的是贸易式进入模式，比如新疆天富国际经贸有限公司、新疆卡赫季进出口贸易有限公司、新疆珍果饮食品科技有限公司、新疆前海集团有限责任公司、新疆中亚清真食品有限公司等。

表 12－1　中亚五国市场的贸易式进入模式的优缺点

贸易式进入模式具体形式		优点	缺点
间接出口	本国的中间商	投入少； 不承担出口风险； 迅速扩大销售规模	无法控制产品进入中亚市场过程； 不能获得跨国经验和中亚市场信息
直接出口	国外的中间商	营销成本低； 市场风险小； 能迅速打开市场	外国中间商控制渠道，影响产品或品牌形象和名誉； 只获得加工制造利润，收益回报低
	设立国外办事处	直接接触中亚市场，获得出口经验； 起到窗口作用，搜集中亚市场信息，把握行业趋势； 有利于培养中亚市场人才	需要初投资和持续的间接费用，投资较大； 需有中亚市场知识的专业人才
	销售分支机构	掌握中亚市场销售渠道，市场控制力强，收益较高； 获得丰富信息和经营经验； 保护自身品牌形象、无形资产等	营销费用高； 独立承担中亚市场风险； 设立专门部门和相关人员

12.1.1.2　契约式进入模式

契约式进入模式是在不涉及股权、产权情况下，中国企业以契约的形式，向中亚五国企业转让无形资产，可以是一项、两项或者是多项，从而获得无形资产使用费用的模式。这种中亚市场进入模式不是直接向该市场输出产品，而是输出无形资产，如工业产权、版权或其他形式的知识产权。契约式进入模式包括许可经营方式、特许专营方式、交钥匙合同、管理合同、国际分包等多种形式。如表

12-2所示。目前，包括新疆企业在内的中国企业，采用该方式的比较少，特变电工属于该类型。

表12-2　中亚五国市场的契约式进入模式的优缺点

契约式进入模式具体形式		优点	缺点
许可经营方式		不需要大量投资生产营销； 避开关税、配额、高运费等不利因素，迅速占领市场； 东道国政府支持； 政治文化风险小	控制力弱，对被许可方依赖性大； 商业风险大，存在技术和知识产权的流失； 被许可方可能成长为竞争对手
特许专营方式		投资少，见效快； 具有独特市场形象和统一营销标准，利于积累品牌优势； 政治文化风险小	品牌的创立需要大量投资； 对被许可方缺乏全面控制
合同方式	交钥匙合同	利用战略伙伴的优势资源，提升业务效率和能力，降低风险； 学习先进的经验和技术	企业实力较弱时讨价还价能力低； 容易受到大企业控制
	管理合同	缓解开工不足矛盾，解决生存与发展问题； 利用国际品牌知名度，迅速扩大市场份额； 学习先进的生产技术和管理经验，尽快缩小与国际企业的差距； 避开与跨国大公司的正面交锋	不能全力培育自己的品牌； 低利润回报； 缺乏占领国际市场和销售的能力，对产品、市场控制力弱
国际分包		不需或较少承担打开中亚市场所需的开发成本的风险	难以获得真正的高端技术，缺乏自主知识产权； 处于产业链最底端，利润回报低

12.1.1.3　投资式进入模式

该模式是中国企业以股权控制方式直接进入中亚市场或者是直接参与中亚市场企业的经营模式。主要有三种具体方式：合资经营、独资经营和兼并收购；可以是中国企业与中亚本土企业分享所有权和控制权，也可以是中国企业享有完整的所有权和控制权。如表12-3所示。调研中发现，中国石油、中国石化、新疆中泰化学、新疆广汇能源、新疆国际实业、新疆准油股份、新疆珍果饮食品科技有限公司属于该类企业。

表12-3 中亚五国市场的投资式进入模式的优缺点

投资式进入模式的具体形式	优点	缺点
合资经营	取得中亚政府和合伙企业支持； 减少资本投入，风险较小； 产生互补双赢效果； 迅速获得中亚市场信息和资源； 规避政治、法律因素限制	易产生冲突； 拥有技术优势的企业容易泄露秘密； 控制权易被弱化
独资经营	拥有企业最大控制权，对产品技术、营销及分销能完全控制； 可利用最新的技术和设备，避免技术泄密，经营效率高	投入高，投资回报的周期长； 商标信誉、中亚市场开发不确定性大，风险最高
兼并收购	获得品牌、渠道、技术等通道，迅速进入中亚市场，投资回收期短； 化解专利和反倾销壁垒； 引入先进管理经验； 扩大产品种类和获得适用技术，通过协同效应提高效率	巨额购并费用，成本较高； 被购并企业的资产评估复杂而困难，能否盈利是个未知数； 不同文化背景下企业整合十分困难

中国企业最早进入中亚五国市场主要是以贸易式进入模式，但随着市场环境和经济环境的变化，更多的中国企业选择投资式进入模式，但中国企业的类型不同，采取的进入模式也存在差异，大部分企业属于贸易和投资式兼有的进入模式，比如新疆珍果饮食品科技有限公司。不同的中国企业想要开发中亚五国市场，在选择中亚市场的进入模式时，正如国际化渐进过程理论所述，不同进入模式具有自身的优劣势，从贸易式—契约式—投资式，企业需要面临的投入、风险、收益是逐渐增高的，一定要在参考上述三种进入模式的优缺点的基础上，结合自身的行业特征、竞争优势以及各国具体情况等，选择最佳的中亚市场进入模式，从而可以更好地开发中亚市场。

12.1.2 中亚市场竞争战略选择

中国企业中亚五国市场竞争战略主要有三种，分别是成本领先战略、差异化战略和集中化战略。成本领先战略是企业通过有效途径降低成本，使企业的全部成本低于竞争对手的成本，从而获取竞争优势的一种战略，新中基公司进入欧洲市场时就是采取该战略。差异化战略是企业为了和竞争对手产品形成差异，采取独特的方式的一种战略。集中化战略是企业经营活动集中于特定消费者、产品、品牌和细分市场的一种战略。结合调研，对22家被调研企业进行归类分析。

12.1.2.1 成本领先战略

成本领先战略是中国企业在与中亚市场竞争对手竞争时，通过控制企业经营成本，以低成本作为企业核心竞争力。但企业选择实施成本领先战略时一定要理性，不要为了追求低成本而忽视产品质量问题，而是通过合理的成本控制行为来降低企业运营成本，否则企业会得不偿失。显而易见，相对于没有采取成本控制的竞争对手，低成本的产品在市场上销售时会获得价格优势，一旦在市场上出现，会快速引起消费者的注意，再辅以相应的营销方案，可以使企业获得大量的忠诚消费者和市场占有率。但还有可能面临着低利润的局面，企业一旦陷入追求低成本的局面，会丧失企业的预见能力和突破式创新能力。此外，企业还会面临生产成本上升的风险，如随着土地、人工、农资等成本的上升，自2006年以来，新中基番茄酱的生产成本优势大幅降低，在欧洲和中亚市场上的竞争力受限。此外，新疆天业、新疆中泰化学、新疆永盛国际物流也采用了成本优先战略。

12.1.2.2 差异化战略

差异化战略是中国企业在开发中亚市场时，竞争策略以打造独特品牌为核心，但需要企业具有强大的创造力。因为从产品的设计、制作、包装、消费到服务，企业的创造力在其中都起着至关重要的作用。差异化战略的本质就是在中亚市场上追求产品和品牌的差异性以及独特性，在企业实现了上述目标后，才会考虑成本问题，比如华为、联想和小米等。我们不难想象在中亚市场上存在大量的同类产品或品牌，想要在居多的产品和品牌中，引起消费者的注意，需要的正是独特、差异化的品牌或产品，只有在引起消费者注意后，企业才有可能通过一系列配套的市场营销活动培养消费者的购买行为和忠诚度。但选择差异化战略的企业需要面对的一个问题就是成本问题，各个环节的差异和独特是需要投资实现的，在同等条件下，产品的价格会比一般产品价格更高，对于追求价格低的消费者而言，差异化产品的吸引力不大，但对于追求个性的消费者而言，具有巨大的吸引力。企业在选择差异化战略时，要定位好产品和品牌的位置。调研中发现，金风科技、伊犁卓万服饰制造有限公司、新疆兵团勘测设计院（集团）有限责任公司等采取的是差异化战略，除金风科技提供低端价格产品外，其他企业均将产品定位为中档价格产品。

12.1.2.3　集中化战略

集中化战略是中国企业选定中亚市场中特定的消费者群体、特定细分产品或品牌以及特定消费细分市场，选定之后，集中企业的优势资源以及整个力量，为这些特定的消费者、产品、品牌和细分市场服务。选择集中化战略的优点在于目标明确且管理过程相对简单且易控制；将目标集中于特定的部分市场，企业可以更好地调查研究与产品和品牌有关的技术、竞争对手、市场、消费者等信息。但选择集中化战略也存在一定程度的风险，就像鸡蛋放在一个篮子中一样，将企业的全部力量集中到特定的消费者、产品、品牌和细分市场，一旦消费者的消费习惯和行为发生变化，而企业的创新能力又无法应对消费者的变化，会对企业产生很大的影响；竞争对手在企业的特定消费者、产品、品牌和细分市场选择更为细致的范围，也会对企业产生不可忽视的影响。调研中发现，新疆企业中塔城市永利商贸有限责任公司实施的是集中化战略，公司产品价格处于行业中档水平。

中国企业在不同领域采取不同的市场竞争策略，在某些阶段会采取两种战略相结合的战略。例如新疆天业集团、中泰化学集团、新疆驼铃梦坡商贸公司，在中亚五国市场的工业领域主要采取成本领先战略，如能源的开采、管道建设以及基础工程建设等领域，但在实施成本领先战略时，也会采取其他两种竞争策略，主要是集中化策略，进行竞争策略的组合。选择成本领先战略在于中亚市场的消费能力问题，然后是与竞争对手相比，如与欧美、日韩等国的企业相比，中国企业给中亚五国的印象就是“物美价廉”，很难在短时间内改变中亚市场消费者的认知，同时采取成本领先战略可以使中国企业快速开发中亚市场，获得一定市场地位和市场占有率，从而可以为企业今后选择差异化战略提供良好的基础。选择集中化战略在于中亚五国各个国家的现实环境存在差异，不同国家和领域选择不同的市场活动和策略，集中企业的优势去进入到一个市场，可以发挥企业资源最优配置功能，以利于企业获得经济收益和市场效益。

12.1.3 中亚市场目标市场战略选择

中国企业中亚市场目标市场战略主要采用五种，分别是“滚雪球”战略、“采蘑菇”战略、“保龄球”战略、“农村包围城市”战略和“撒网开花”战略。简而言之，“滚雪球”战略是基于一个目标市场逐步推进、渗透；“采蘑菇”战略是根据中亚市场实际情况，实行跳跃性开发；“保龄球”战略是用关键市场的影响能力来辐射周边市场；“农村包围城市”战略是先易后难；“撒网开花”战略即多市场同时开发。结合调研，对新疆22家企业进行分析。

12.1.3.1 “滚雪球”战略

“滚雪球”战略是中国企业在选择中亚目标市场时，会考虑现有目标市场，选择在同一地理区域内开发目标市场的方式，再将一个区域内的目标市场开发完后才会进入到下一区域内进行新目标市场的开发战略。这种目标市场选择战略，是将一个目标市场作为同一区域内所有目标市场的“根据地”，将“根据地”市场做好后，也就是在该市场获得绝对的竞争优势后，作为后续开发目标市场的后盾，以此为基础向周边的市场滚动，慢慢地占领周边目标市场，从而一步步实现占领整个目标市场的愿望。“滚雪球”战略通常是中小企业常采用的中亚目标市场选择战略。新疆企业中新疆天富国际经贸有限公司主要采用该战略。

12.1.3.2 “采蘑菇”战略

“采蘑菇”战略是中国企业在选择中亚目标市场时，采取的一种跳跃式的开发选择战略。通常企业在开发目标市场时，不考虑目标市场的距离、邻近不邻近，而是根据目标市场对于企业吸引力来决定目标市场的优劣，以“先优后劣”为选择原则。企业第一步采摘所有蘑菇中的最大的蘑菇，选择对于企业而言最有吸引力的目标市场；第二步不考虑蘑菇与蘑菇之间的距离，而是选择剩余蘑菇中的最大蘑菇，选择对于企业而言有较为大的目标市场；第三步、第四步依此选择。“采蘑菇”战略因为选择的每一个目标市场都是剩余市场中最好的那个，可以使企业的资源获得最优配置和使用，也可以使得中国企业获得最佳的经济效益和市场效果。该战略优点在于灵活性和及时性，可以抢占对于竞争者和自身而言都有吸引力的市场，如果是按循序渐进的原则，自己看好的目标市场可能被自己的竞争对手占领。“采蘑菇”战略是一种比较普适的策略，大多数企业都可以采用。新疆企业中，新疆前海集团有限责任公司主要采用该模式。

12.1.3.3 “保龄球”战略

“保龄球”战略是中国企业想要实现占领整个目标市场的愿望，第一步先选择整个目标市场中起重要作用的“关键市场”，通过占领“关键市场”带动周边的多个目标市场，从而实现占领整个目标市场的目的。因为“关键市场”的中亚五国消费者具有独特的消费意识和行为，如求新意识比较强，购买力比较强，对于新事物和新产品的接受能力也比较强，同时“关键市场”的消费者的购买行为对周边消费者有一定的带动作用，也就是“关键市场”中的产品和品牌一旦流行起来，也可以短时间内在周边市场中受到中亚五国消费者的欢迎、认可和喜爱。中国企业一旦占领了中亚五国中的“关键市场”，通过“关键市场”的影响力就可以带动周边的多个目标市场，形成以点带面的形势，但需要花费企业的大量财力、人力以及物力，这通常是实力雄厚的中国大企业选择的中亚目标市场选择战略。新疆企业中特变电工、金风科技、新疆珍果饮食品科技有限公司主要采用该模式。

12.1.3.4 “农村包围城市”战略

“农村包围城市”战略是中国企业在选择中亚五国目标市场时，先选择重点市场周边比较容易占领的目标市场，在占领这些周边市场后，为企业积聚实力和经验，从而对重点市场进行包围，使周边市场的影响力慢慢地对重点市场形成影响，在时机合适时，对重点市场进行占领。对于一般的企业而言，如果竞争优势不是十分明显，选择进入比较难占领的重点市场，快速取得成功的可能性不大。还不如采取“农村包围城市”战略，在为企业积聚实力和经验的同时，也可以为重点市场的占领提供无形的影响。调研中发现，新疆中泰化学在塔吉克斯坦投资采取了该模式。

12.1.3.5 “撒网开花”战略

“撒网开花”战略是中国企业在拓展中亚五国目标市场时，通过在中亚五国市场到处撒网，遍地开花的方式，同时进入中亚五国市场。该战略的好处在于可以快速地扩展多个目标市场，达到多个市场同时占领的效果，对于企业的知名度和影响力有很大的帮助。但对于采用这种战略的企业而言，有很大的要求，因为是对多个目标市场同时开发，需要在中亚五国各目标市场拥有独立的营销渠道、销售人员以及策划人员，需要大量的资金支持和优秀的营销团队支撑，同时还需要针对每个目标市场的差异，提供适合的企业产品，这就要求企业开发大量的新产品，这也需要企业投入大量的市场开发费用。这种战略一般是实力强大、资金雄厚的企业所采取的。中国企业中华为、联想、小米、中国石油、中国银行等企业采取了该模式。

12.2　中国企业开发中亚市场战略实施的保障措施

对于中国企业开发中亚市场战略实施保障措施，本书主要从国家层面和企业层面来提供对策建议。

12.2.1　国家层面的制度安排与政策协同

12.2.1.1　搭建经贸合作平台，完善政府公共服务体系

中国企业想要更好地参与中亚五国市场，离不开政府的大力支持。为了中国企业更好地了解中亚五国市场，政府可以主动收集有关中亚五国的政治环境、经济环境、优惠政策以及市场需求等方面的信息，也可以为中国企业提供相关方面的咨询服务。政府可以开展一些相关活动，来加强中国企业与中亚五国的联系与交流，如定期或不定期地举行各种专业论坛、商务活动，帮助中国企业与中亚五国政府、企业或中介机构建立联系，实现商贸畅通、金融融通、文化融通，目前，在乌鲁木齐召开的亚欧博览会形式比较好，可以进一步拓展。同时，政府可以通过外交渠道，为中国企业搭建平台，可以进一步优化中国企业参与中亚市场需要的流程、审批机制、税收制度、政策优惠等。建立和完善中国与中亚五国的产品互认标准，解决当前因为产品标准不一致，而影响产品进出口以及产品销量的问题。目前，国家和各省市均出台了融入经济全球化的规划、行动路线图，这些需要进一步与中亚各国相关的发展规划相衔接。

12.2.1.2　完善保险机制，防范与分散海外投资风险

在当前中国和中亚国家签订的双边投资保护协定中，大多数内容涉及外资流入，很少涉及海外投资保险，而中国企业大都担心在中亚国家的投资保障问题，

中国企业进入中亚市场已成为一种趋势，国家应该尽快和中亚国家完善现有双边投资保护条款内容。同时，为了避免出现中国企业在中亚五国索赔受阻的事件出现，可以结合中国国情和中亚五国的法律法规，出台相应的法律法规，实现政策沟通。要加强外汇监管，建立用户资料库，科学管理外汇的使用和回收，做到既方便企业用汇，又有利于国家外汇储备增加。同时还要提高中国企业的风险管理意识，可以开展一系列风险培训和教育工作。

12.2.1.3　推进信息共享，打造互联网金融与物流平台

政府应积极推动互联网金融平台建设，降低中国企业开发中亚五国市场的金融风险；加大金融教育力度，提高规避金融风险的意识；建立更多的移动端、网络金融机构，大力研发在线设备以辅助金融交易；发展网络信息技术和大数据，打破信息壁垒，共享用户数据；搭建完善的行业征信系统，加强客户信息安全的保护；探索互联网物流销售模式，发展中国产品跨境电子商务平台和网上销售公司，提升中国产品线上、线下市场开拓能力和市场竞争力。

12.2.2　企业层面的相机抉择与融合互通

12.2.2.1　入乡随俗，积极推进社会融合与本土化战略

中国企业融入中亚五国市场，可以快速与中亚国家建立良好关系，也可以和当地政府打好交道，同时，由于中亚五国人民大都看重亲情和友情，对于中国企业建立当地人脉也有很大的帮助。中国企业想要更好地开发中亚五国市场，同样也离不开当地媒体的报道和宣传，所以说与当地媒体建立良好的合作关系，有利于企业宣传自身良好形象，同时传达中国精神。企业还可以开展本地化经营，在做企业未来规划时，考虑当地的就业问题以及福利问题，在一定程度上聘请更多中亚五国当地居民，同时还可以根据当地的风俗习惯来设计企业生产运营模式，从而使本地员工更好地为企业服务。企业日常也可以通过开展一系列的企业活动，来加强中国员工与当地员工的交流和沟通，从而促进企业员工的文化融合，

使企业生产更加适合当地的产品。中国企业同时也要承担当地的企业社会责任，在企业生产经营的同时也要保护当地的生态环境，传达出中国的友善经营理念和文化，积极回报当地社会。这样可以获得当地人的更多认可和支持，避免一些风险的出现，也可以使企业更好地立足于中亚五国市场。

12.2.2.2 入境问禁，深入了解中亚五国的法律法规

中亚五国的法律法规对于中国企业的生产运营会产生很大的影响，而当前在中亚市场的中国企业普遍遇到的问题也是当地法律法规制约着企业的日常活动，如一些小企业为了减少公司运营成本，没有聘请熟悉中亚五国市场法律法规的律师，而大企业如果不重视了解和掌握中亚五国的法律法规，在面对企业纠纷时，也会让企业面临巨大的损失。同时企业还要注意虽然中亚五国独立之前采用的是苏联的法律法规，但在独立后，中亚五国各自根据本国的实际情况制定了适合自身发展的法律法规，所以说中亚五国的法律法规还是有很大差异的，甚至可能会出现两个国家的法律法规在同一个问题上的处理上，做出的规定是截然相反的。中国企业只有在了解中亚五国法律法规的基础上，遵守这些法律法规，才会赋予企业更多的自由，使企业可以更加容易、更加顺利地开发中亚五国市场。

12.2.2.3 筑巢引凤，形成多层次、多梯队的跨国人才储备

当前，大多中国企业在中亚五国市场遇到的另一个问题是缺乏跨国人才，即对中亚五国市场熟悉和全面认识的企业员工，也使企业投资更加带有一定程度的盲目性和片面性，在做出企业决策时更加地感情用事，阻碍着中国企业开发中亚五国市场。一方面，企业可以和中亚五国的政府、公共组织或是民间机构进行合作，派遣公司员工去中亚五国市场学习，获得更多当地的实习经验，可以使企业在中亚五国市场上的调研更加详尽，使企业投资和经营决策更加谨慎，为企业提供更多的市场机会。另一方面，企业也可以鼓励本部有经验的涉外人才到中亚五国市场进行经营管理，以精心培养具有金融、法律、商务和国际贸易知识和能力的人才为重点，或者是加大对于中亚五国当地居民的培训，以生产技能的提高和

管理水平的提升为重点，从而为企业提供更加全面的人才，促进中国企业更加顺利地开发中亚五国市场。

12.2.2.4 借力借势，大力宣传中国企业的本土品牌

中国品牌可以传递国家精神气质，但目前在中亚五国市场上的中国企业所销售的产品大都可以说是物美价廉的，但中亚五国人民由于之前的刻板印象，有些人不愿意购买带有“中国制造”标识的产品。面对这种市场情况，中国企业应该采取一些行动来扭转和改变这种情况，如通过参加中亚市场产品交易会、展销会以及邀请中亚五国媒体等形式传达和表现影视、时装、设计、饮食、服务、资源等方面的“中国魅力”，抓住中亚五国举办的国际博览会等任何可以向中亚五国地区展示中国品牌的机会。加强品牌传播，注重塑造品牌形象，可以是通过产品的包装、LOGO设计感的增强，或是通过互联网技术增加在中亚市场的广告投入，更好地传递企业文化、价值，甚至是国家精神，企业在宣传品牌的同时，要严把产品的质量和服务关。加强中国企业特色品牌建设，运用现代技术改造中国传统产业领域，提升中亚五国对中国产品的满意度和美誉度，不断满足中亚五国消费者的实际需求。

参考文献

[1] Agarwal S, Ramaswanmi S N. Choice of Foreign Market Entry Model: Impact of Ownership, Location and Internationalization Factor [J]. Journal of International Business Studies, 1992, 23 (1): 1-27.

[2] Anderson, V, Graham, S, & Lawrence, P. Learning to internationalize [J]. The Journal of Management Development. 1998, 17 (7): 492-502.

[3] Fischer A M. Is China turning Latin? China's balancing act between power and dependence in the lead up to global crisis [J]. Journal of International Development, 2010, 22 (6): 150-172.

[4] Asia-Pacific Region [J]. Califonia Management Review, 1994 (2): 33-47.

[5] Baharumsmhah. The effects of exchange rate on bilateral trade balance: new evidence from Malaysia and Thailand [J]. Asian Economic Journal, 2001, 15 (3): 291-312.

[6] Balassa B. Tradeliberalization among Industrial Countries: Objectives and Alternatives [M]. New York: Mc Graw-Hill, 1965.

[7] Calof J L, Beamish P W. Adapting Foreign Market: Explaining Internationalization [J]. International Business Review, 1995, 4 (2): 115-131.

[8] Carmichael J L. What do we believe makes a good manager? [J]. Management Development Review, 1995, 8 (2): 7 – 10.

[9] Cheng M S, Blankson C, Wu P C S, et al.. A Stage Model of International Brand Development: The perspectives of manufacturers from two newly industrialized economies—South Korea and Taiwan [J]. Industrial Marketing Management, 2005, 34 (5): 504 – 514.

[10] Chou W. Exchange rate variability and China's exports [J]. Journal of Comparative Economic. 2000 (28): 61 – 79.

[11] Clemens Grafe, Martin Rasier, Toshiaki Sakatsume. Beyondborders – Reconsidering regional tradein Central Asia [J]. Journal of Comparative Economies, 2008 (36): 453 – 466.

[12] Contractor F J. Contractual and Cooperative Forms of International Business: Towards a Unified Theory of Model Choice [J]. Management International Review, 1990, 30 (1): 31 – 54.

[13] Deng F F. Public land leasing and the changing roles of local government in urban china [J]. The Annals of Regional ence, 2005, 39 (2): 353 – 373.

[14] Donal CxMcFetridge Competitiveness: Concepts and Measures [N]. Department of Economics, Garleton University, Occasional Paper, 1995, 5.

[15] Dunning, J H. International production and the multinational enterprises [M]. London: Allen and Unwin. 1981.

[16] Emanilli M K, Rao C P. Service Firms International Entry Mode Choice: A Modified Transaction – Cost Analysis Approach [J]. Journal of Marketing, 1993, 57 (3): 19 – 38.

[17] Erik Elinder. Advertising in Scandinavia: Its Present State [J]. Gazette, 1963, 9 (2): 176 – 178.

[18] Etemad H , Wright R W . Internationalization of SMES: Management Responses to a Changing Environment. [J] . Journal of International Marketing, 1999, 7 (4): 4 - 10.

[19] Farrukh Suvankulov, Yunnus Guc. Who is trading well in Central Asia? A Gravity analysis of Exports from the regional Powers to the Region [J] . Eurasian Journal of Business and Economics, 2012 (5): 21 - 43.

[20] Felice Perlmutter. A Theoretical Model of Social Agency Development [J] . 1969, 50 (8): 467 - 473.

[21] Gael Raballand, Agnes Andresy. Why should trade between Central Asia and China continue to expand [J] . Springer, 2007 (5): 235 - 252.

[22] Glick R, Rose A M . Contagion and Trade: Why are Currency Crises Regional? [J] . Journal of Inter - national Money and Finance, 1999, 18 (4): 603 - 617.

[23] Global Economy [J] . Business horizons, 2001, 44 (3): 52.

[24] Hymer S H. The Efficiency of Multinational Corporations [J] . The American Economic Review, 1970, 60 (2): 441 - 448.

[25] Jan Johanson, Jan - Erik Vahlne. The Internationalization Process of the Firm - A Model of Knowledge Development and Increasing Foreign Market Commitments [J] . Journal of International Business Studies, 1977, 8 (1): 23 - 32.

[26] Johanson J, Vahine J E. The Mechanism of International [J] . International Marketing Review, 1990, 7 (4): 11 - 24.

[27] Kapferer, J N. Strategic brand management [M] . London: Kogan Page, 1997.

[28] Kevin L K, Brand synthesis: The multidimensionality of Brand Knowlege [M] . Journal of Consumer Research, University of Chicago press, 2003.

[29] Knobel A. Eurasian Economic Union: Prospects and Challenges for Development [J]. Voprosy Economiki, 2015, 3 (4): 35 – 51.

[30] Kotler P, Gertner D. Country as brand, product, and beyond: A place marketing and brand management perspective [J]. Journal of Brand Management, 2002, 9 (4): 249 – 261.

[31] Ledingham, J. A. Explicating Relationship Management as a General Theory of Public Relations [J]. Journal of Public Relations Research, 2003, 1 S (2): 181 – 198.

[32] Levitt T. The Globalisation of Markets [J]. Harvard Business Review, 1983 (61): 92 – 102.

[33] Lucio, Blanco, Pitlo, et al. India's Perception and Response to China's "One Belt, One Road" Initiative: Views From Indian Mainstream Media [J]. Asian Politics & Policy, 2015 (2): 153 – 165.

[34] Madan B, Regmi, Syinya Hanaoka. Assessment of intermodal transport corridors: Cases from North – East and Central Asia [J]. Research in Transportation Business & management, 2012 (5): 27 – 37.

[35] Madhok A. Cost, Value and Foreign Market Entry Model: The Transaction and the Firm [J]. Strategic Management Journal, 1997, 18 (1): 39 – 61.

[36] Markusen J. Productivity, Competitiveness, Trade Performance and Real Income: The Nexus Among Four Concepts [M]. Ottwa: Supply and Services Canada, 1992.

[37] Mbithi B, Muturi W, Rambo C. Effect of Market Development Strategy on Performance in Sugar Industry in Kenya [J]. International Journal of Academic Research in Business and Social Sciences, 2015, 5 (12): 311 – 325.

[38] Mcauley C A. Internationalisation and the Smaller Firm: A Review of Con-

temporary Empirical Research [J] . Mir Management International Review, 1999, 39 (3): 223 - 256.

[39] Mecum S , Goldstein B . Brazil: An OEM Portal into Latin America [J] . Circuits Assembly, 2000, 11 (6): S10 - S12.

[40] Oviatt B M , Mcdougall P P . Toward a Theory of International New ventures [J] . Journal of International Business Studies, 1994, 25 (1): 45 - 64.

[41] Park H , Gowan M , Hwang S D . Impact of National Origin and Entry Mode on Trust and Organizational Commitment [J] . Multinational Business Review, 2002, 10 (2): 52 - 61.

[42] Porter M E. Competition in Global Industries [M] . Boston: Harvard Business School Press, 1986.

[43] Quelch J . Global Brands: Taking Stock [J] . Business Strategy Review, 1999, 10 (1): 1 - 14.

[44] Ray C F. Export Competitiveness: British Experience in Eastern Europe [J] . National Institute Economic Review, 1966 (36): 43 - 60.

[45] Riad Ajami . U. S. Industrial competitiveness: resurgence or decline? In How to manage for international competitiveness [M] . New York: International Business Press, 1992.

[46] Saeed Samiee, Kendall Roth. The Influence of Global Marketing Standardization on Performance [J] . 1992, 56 (2): 1 - 17.

[47] Selahattin D. Aggregate Supply, Domestic Absorption, and Term and Trade: A structural Decomposition of the US [J] . Trade Balance. The internal Trade Journal, 2000, 14 (2): 147 - 168.

[48] Teece D J. Foreign investment and technological development in Silicon Valley [J] . California Management Review, 1992, 34 (2) : 88 - 106.

[49] Chou W. L. . Exchange Rate Variability and China's Exports [J] . Journal of Comparative Economics, 2000, 28 (1): 61 –79.

[50] Reekie WD. Industrial economics: a critical introduction to corporate enterprise in Europe and America [J] . 1989 (2): 143 –160.

[51] Welch L S, Luostarinen R K. Inward – outward connections in internationalization [J] . Journal of International Marketing, 1993 (2): 44 –56.

[52] Woodcock C P, Beamish P W, Makino S. Ownership – Based Entry Models Strategies and International Performance [J] . Journal of International Business Studies, 1994, 25 (2) : 253 –273.

[53] Yakov Silin, Larisa Kapustina, Italo Trevisan, Andrei Drevalev. The silk road economic belt: balance of interests [J] . Economic and Political Studies, 2018, 6 (3): 151 –173.

[54] Yigang P, David K T. The Hierarchical Model of Market Entry Modes [J] . Journal of International Business Studies, 2000, 31 (4): 535 –554.

[55] Young S, Hamill J, Wheeler C. International market entry and development: strategies andmanagement [M] . Harvester Wheatsheaf, 1989.

[56] 白永秀，王颂吉．丝绸之路经济带：中国走向世界的战略走廊 [J] ．西北大学学报（哲学社会科学版），2014，44 (4)：32 –38.

[57] 布娲鹣·阿布拉．中亚五国农业及与中国农业的互补性分析 [J] ．农业经济问题，2008 (3)：104 –109.

[58] 柴利，段秀芳．政府在开拓中亚国家市场中应采取的对策 [J] ．新疆财经，2007 (3)：21 –25.

[59] 陈春慧，纪秋颖．中国品牌国际化现状和发展模式探索 [J] ．企业活力，2007 (1)：32 –34.

[60] 陈俭，布娲鹣·阿布拉，陈彤．中国与中亚五国农产品贸易模式研究

[J]. 国际贸易问题，2014（4）：78－89.

[61] 陈杰军. 浅析中亚市场的投资风险 [J]. 伊犁师范学院学报（社会科学版），2007（1）：71－74.

[62] 陈晓丽. 中国著名服装品牌国际化战略研究 [D]. 北京：北京服装学院，2008.

[63] 程贵，王琪，胡海峰. 我国对中亚国家直接投资的母国产业升级效应研究 [J]. 经济纵横，2017（6）：68－74.

[64] 崔登峰，邵伟. 中国与中亚五国贸易竞争性、互补性和出口潜力研究 [J]. 商业研究，2017（3）：93－101.

[65] 崔登峰. 新疆兵团企业品牌管理问题研究 [D]. 石河子：石河子大学，2006

[66] 大石芳裕. 全球品牌管理 [M]. 东京：东京白桃书房，2004.

[67] 刁莉，罗培，胡娟. 丝绸之路经济带贸易潜力及影响因素研究 [J]. 统计研究，2017，34（11）：56－68.

[68] 丁利剑，何佳讯. 中国企业跨国品牌并购战略：决策框架与建议 [J]. 华东师范大学学报（哲学社会科学版），2016，48（2）：136－145＋171－172.

[69] 段秀芳. 中国对中亚国家直接投资现状及问题剖析 [J]. 新疆财经，2009（6）：50－55.

[70] 樊增强，宋雅楠. 企业国际化动因理论述评 [J]. 当代经济研究，2005（9）：18－22＋73.

[71] 菲利普·科特勒. 营销管理 [M]. 梅汝和等译. 北京：中国人民大学出版社，2002.

[72] 付鑫. 新疆民营企业"走出去"现状、问题及对策 [J]. 新疆农垦经济，2016（1）：52－55.

［73］高振，江若尘．东道国市场结构与跨国公司国际市场进入方式选择：元分析的检验［J］．产经评论，2018，9（4）：113－126.

［74］高志刚，刘伟．“一带”背景下中国与中亚五国贸易潜力测算及前景展望［J］．山东大学学报（哲学社会科学版），2015（5）：24－34.

［75］龚新蜀，张晓倩．中国对中亚五国农产品出口贸易影响因素分析——基于CMS模型［J］．国际经贸探索，2014，30（8）：77－87＋106.

［76］顾乃康．中国企业的跨国经营行为［M］．广州：中山大学出版社，2002.

［77］郭海，Thomas Sargent. 专访托马斯·萨金特：我最好的学生几乎都是中国人［J］．新经济，2014（15）：22－25.

［78］郭艳．关于联想、海尔、华为、TCL国际化道路选择的启示——中国企业国际化道路的思考［J］．经营管理者，2009，24：108.

［79］海本禄．国际化进程中的动态能力绩效机制研究［J］．中国科技论坛，2012（11）：78－84.

［80］韩崇胜，吴先明．思考格兰仕品牌国际化经营模式［J］．对外经贸实务，2006（11）：38－41.

［81］韩永辉，贾妮莎，邹建华．东亚区域零散化生产背景下的我国产业内贸易实证研究——基于区分制成品与零部件产业内贸易的新视角［J］．世界经济研究，2013（4）：80－86＋89.

［82］韩中和，刘刚，杜淡淡．品牌战略的影响因素以及对国际营销绩效的关系［J］．经济管理，2010，32（2）：85－90.

［83］韩中和．品牌国际化研究述评［J］．外国经济与管理，2008，30（12）：32－38.

［84］何佳讯，张华．我国关于营销国际化与本土化问题的研究进展［J］．北京工商大学学报（社会科学版），2004（2）：29－33.

［85］何一民，关浩淳．全球视野下陆海经济时代与“一带一路”倡议［J］．财经科学，2018（3）：29－41.

［86］贺书锋，平瑛，张伟华．北极航道对中国贸易潜力的影响——基于随机前沿引力模型的实证研究［J］．国际贸易问题，2013（8）：3－12.

［87］胡鞍钢，马伟，鄢一龙．“丝绸之路经济带”：战略内涵、定位和实现路径［J］．新疆师范大学学报（哲学社会科学版），2014，35（2）：1－11.

［88］胡海晨，林汉川，陈廉．中国高铁国际化发展的影响因素与对策［J］．企业经济，2017，36（9）：64－71.

［89］胡红萍．中国企业在中亚发展现状及存在问题分析［J］．中共乌鲁木齐市委党校学报，2008（4）：27－30.

［90］黄剑辉，李洪侠．“一带一路”战略视阈下我国区域经济的协调发展［J］．税务研究，2015（6）：22－30.

［91］黄涛，孙慧，马德．“丝绸之路经济带”背景下新疆与中亚贸易潜力的实证分析——基于面板数据的引力模型［J］．新疆社会科学，2015（1）：79－85.

［92］蒋冠宏．中国企业对“一带一路”沿线国家市场的进入策略［J］．中国工业经济，2017（9）：119－136.

［93］蒋廉雄，周懿瑾．自主品牌研究的问题与发展探讨——一个营销学的视角［J］．中国地质大学学报（社会科学版），2012，12（2）：84－94＋140.

［94］蒋宇宁，王雅莉．“一带一路”倡议下中国与中亚地区贸易合作的竞争性与互补性研究［J］．内蒙古社会科学（汉文版），2018，39（5）：128－135.

［95］凯文·莱恩·凯勒．战略品牌管理（第三版）［M］．北京：中国人民大学出版社，2009.

［96］李成．我国企业还未弄懂“品牌国际化”［J］．企业研究，2005

(2)：48－49.

［97］李季鹏，张海霞．新疆企业国际化模式的影响因素分析［J］．对外经贸，2017（6）：103－104.

［98］李季鹏．新疆本土企业国际化经营的动因、战略和绩效分析［J］．山东纺织经济，2017（4）：21－23.

［99］李建荣，韩隽．中亚地区安全新态势与丝绸之路经济带建设：互动与前景［J］．新疆师范大学学报（哲学社会科学版），2018（6）：1－11.

［100］李蕾，张帅．“一带一路”倡议下中国—中亚能源合作的战略定位、挑战与对策［J］．国际经济合作，2018（6）：90－95.

［101］李婷，李豫新．中国与中亚5国农产品贸易的互补性分析［J］．国际贸易问题，2011（1）：53－62.

［102］李新家，毛蕴诗．跨国公司在华筹供策略及其决定因素研究［J］．学术研究，2004（6）：23－29.

［103］李永全．和而不同：丝绸之路经济带与欧亚经济联盟［J］．俄罗斯东欧中亚研究，2015（4）：1－6＋95.

［104］李悦，杨殿中．中国对中亚五国直接投资的现状、存在的问题及对策建议［J］．经济研究参考，2014（21）：62－75.

［105］梁海明．一带一路经济学［M］．成都：西南财经大学出版社，2016.

［106］刘二虎，陈瑛．丝绸之路经济带背景下中亚五国投资环境比较研究［J］．世界地理研究，2018，27（4）：100－107.

［107］刘二虎．“一带一路”背景下中国对中亚五国直接投资：投资环境及产业选择［D］．西安：陕西师范大学，2018.

［108］刘文纲，赵占明．中国企业国际化经营中的品牌战略变迁路径［J］．北京工商大学学报（社会科学版），2004（5）：68－71.

［109］刘英为，汪涛，聂春艳，张伟．如何应用国家文化原型实现品牌的国际化传播——基于中国品牌海外社交媒体广告的多案例研究［J］．管理世界，2020，36（1）：88－104＋236.

［110］刘英为，汪涛，徐岚．中国品牌国际化中的合理性战略：制度理论视角［J］．宏观经济究，2017（3）：118－127.

［111］刘志彪．全球化背景下中国制造业升级的路径与品牌战略［J］．财经问题研究，2005（5）：25－31.

［112］龙永图．中国企业国际化问题研究［J］．中国市场，2013（7）：35－39.

［113］卢周来，刘珺．丝路经济带中亚投资环境及市场风险［J］．开放导报，2015（4）：24－29.

［114］鲁桐．海外投资四模式抉择［J］．大经贸，2003（2）：60－61.

［115］陆兵．中国企业走向中亚市场的风险和防范措施［J］．新疆师范大学学报（哲学社会科学版），2017，38（4）：100－112＋2.

［116］陆娟．企业品牌发展阶段战略研究［J］．财经论丛，2003（3）：80－85.

［117］路婧．政策性金融支持中国企业在中亚直接投资研究［D］．太原：山西财经大学，2017.

［118］罗文标．中国—中亚五国双边经贸合作深化的阻碍因素与对策［J］．对外经贸实务，2018（2）：33－36.

［119］马惠兰，李凤，叶雨晴．中国新疆与上合组织国家农产品贸易潜力研究——基于贸易引力模型的实证分析［J］．农业技术经济，2014（6）：120－126.

［120］毛蕴诗，欧阳桃花，魏国政．中国家电企业的竞争优势——格兰仕的案例研究［J］．管理世界，2004（6）：123－133.

［121］门洪华．“一带一路”规则制定权的战略思考［J］．世界经济与政治，2018（7）：19－40＋156－157.

［122］潘志平．中亚国家政治体制的选择：世俗、民主、威权、无政府［J］．俄罗斯中亚东欧研究，2011（1）：8－14.

［123］戚晨晨．中国标准与国际标准体系发展现状对比及前景分析［J］．北方农业学报，2016，44（1）：132－134.

［124］齐晓辉，刘亿．中国与中亚五国农产品产业内贸易及影响因素——基于2004～2013年面板数据分析［J］．国际商务（对外经济贸易大学学报），2016（1）：50－59.

［125］秦放鸣．开拓中亚市场、建设中国西部国际商贸中心的政策构建和环境营造［J］．开发研究，2006（4）：1－6.

［126］任蒙正．“一带一路”战略下中国与中亚经贸安全合作问题研究［D］．郑州：郑州大学，2018.

［127］任玉娜．中国—东盟共建数字丝绸之路：现状、动力与挑战——基于数字经济的视角［J］．全球化，2020（3）：79－90＋134.

［128］宋华，刘林艳，李文青．企业国际化、供应链管理实践与企业绩效关系——基于中国上市公司面板数据的研究［J］．科学学与科学技术管理，2011，32（10）：142－151.

［129］宋永高．中国品牌国际化的市场选择模式［J］．商业研究，2003（13）：148－149.

［130］苏海峰，陈浪南．人民币汇率变动对中国贸易收支时变性影响的实证研究——基于半参数函数化系数模型［J］．国际金融研究，2014（2）：43－52.

［131］苏勇，张明．试论品牌国际化的内涵及其标准［J］．市场营销导刊，2005（6）：52－54.

［132］苏祖梅．中国企业在中亚五国经营环境的比较研究［J］．国际观察，

2013（2）：66－72.

［133］孙晓强，苏勇．中国企业品牌国际化的路径选择［J］．经济管理，2007（1）：6－10.

［134］谭晶荣，王丝丝，陈生杰．“一带一路”背景下中国与中亚五国主要农产品贸易潜力研究［J］．商业经济与管理，2016（1）：90－96.

［135］谭娟．吉利集团品牌国际化研究［D］．南昌：江西财经大学，2019.

［136］田川．“一带一路”倡议下中华老字号企业品牌国际化探究［D］．北京：首都经济贸易大学，2019.

［137］田广．中国对中亚五国直接投资结构与影响因素分析［D］．天津：天津财经大学，2017.

［138］王朝辉，陈洁光，黄霆，程瑜．企业创建自主品牌关键影响因素动态演化的实地研究——基于广州12家企业个案现场访谈数据的质性分析［J］．管理世界，2013（6）：111－127.

［139］王大勇．中国企业品牌国际化战略研究［D］．成都：四川大学，2006.

［140］王分棉，林汉川．国际品牌：一个新的概念框架及实证分析［J］．中国工业经济，2011（5）：129－138.

［141］王福胜，孙妮娜，王虹妹．中国上市公司国际化程度与经营绩效关系的实证研究［J］．哈尔滨工业大学学报（社会科学版），2009，11（1）：115－122.

［142］王海忠，陈增祥，司马博．跨国并购中品牌重置策略对新产品评价的影响机制研究［J］．中国工业经济，2011（11）：100－108.

［143］王海忠．品牌测量与提升［M］．北京：清华大学大学出版社，2006.

［144］王海忠．品牌杠杆——赢得品牌领导的资源整合战略［M］．北京：

人民邮电出版社，2009.

［145］王海忠，赵平．品牌原产地效应及其市场策略建议——基于欧、美、日、中四地品牌形象调查分析［J］．中国工业经济，2004，（1）：78－86.

［146］王海忠．跨国品牌联盟中国家典型性对原产国效应的稀释作用［J］．营销科学学报，2013.

［147］王海忠．重构世界品牌版图——中国企业国际知名品牌战略［M］．北京：北京大学出版社，2013.

［148］王慧敏，翟雪玲．中国与中亚五国农业合作的潜力研究［J］．经济研究参考，2017（31）：43－51.

［149］王林彬，袁保生．晚近中亚国家投资环境：问题及对策［J］．新疆财经大学学报，2018（4）：12－19.

［150］王鹏．中国汽车自主品牌国际化模式研究［D］．北京：对外经济贸易大学，2018.

［151］王瑞，温怀德．中国对“丝绸之路经济带”沿线国家农产品出口潜力研究——基于随机前沿引力模型的实证分析［J］．农业技术经济，2016（10）：116－126.

［152］王三兴．基于 Probit 模型的产业内贸易影响因素差异研究：以中国和东盟产业内贸易为例［J］．国际贸易问题，2012（2）：72－80.

［153］王素荣，王雪飞，付博．“一带一路”沿线国家预提所得税政策与纳税筹划［J］．财务与会计，2016（16）：24－27.

［154］王卫红，张超．珠三角企业品牌国际化路径模式及其启示［J］．战略决策研究，2012，3（1）：66－71.

［155］王晓易．第三届中亚论坛闭幕 中外学者热议丝绸之路经济带［C］．中国新闻网，2013.

［156］王晓玉，汪俊．跨国并购对本土品牌国际化形象的提升效应［J］．

软科学，2017，31（6）：129－133.

［157］王亚军．“一带一路”倡议的理论创新与典范价值［J］．世界经济与政治，2017（3）：4－14＋156.

［158］王咏丽，周雁鹏．论企业文化的建立与控制［J］．山东省农业管理干部学院学报，2002（1）：85－86.

［159］王友文．构建西部国际大通道与开拓中亚市场［J］．伊犁师范学院学报，2006（4）：53－58.

［160］王月，李新英．日本对中亚五国出口贸易状况、举措及对我国的启示［J］．现代日本经济，2017，36（2）：44－55.

［161］王志民．“一带一路”：新时代新布局［J］．国际贸易问题，2018（2）：19－23.

［162］韦福祥．品牌国际化：模式选择与度量［J］．天津商学院学报，2001（1）：27－30.

［163］魏利平，邢文祥．跨境电商出口对我国品牌国际化的影响研究［J］．国际贸易，2019（12）：19－26.

［164］吴小勇．中国企业品牌国际化的路径研究［J］．市场周刊（理论研究），2012（6）：60－61.

［165］武敬云．“金砖国家”的贸易互补性和竞争性分析［J］．国际商务（对外经济贸易大学学报），2012（2）：21－30.

［166］肖凤英．新疆企业开拓中亚市场进入模式研究［D］．乌鲁木齐：新疆财经大学，2007.

［167］谢尔盖·卡拉加诺夫，季莫费·博尔达切夫，等．构建中央欧亚：“丝绸之路经济带”与欧亚国家协同发展优先事项［J］．俄罗斯研究，2015（3）：20－36.

［168］许晖．跨国公司拓展国际市场战略模式研究［J］．华东经济管理，

2003（6）：80 – 82.

［169］许云霞，康勇．新疆企业国际化经营中品牌运营现状及对策研究［J］．特区经济，2008（8）：220 – 221.

［170］许云霞，李钦．国际化视角下新疆农产品品牌运营问题分析［J］．对外经贸实务，2009（6）：47 – 50.

［171］许云霞．新疆企业品牌国际化的模式选择研究［J］．商业经济，2010（17）：49 – 51.

［172］薛曜祖，黄蕾．“一带一路”背景下中国对中亚五国 FDI 的双边贸易影响研究［J］．新疆大学学报（哲学·人文社会科学版），2017，45（2）：13 – 18.

［173］杨殿中．中国企业对中亚五国直接投资的产业分布及产业选择建议［J］．中央财经大学学报，2012（9）：66 – 71.

［174］杨丽君．“一带一路”背景下我国对中亚五国直接投资及政治风险防范策略［J］．学术探索，2018（1）：20 – 24.

［175］姚培生．“一带一路”扩展中国外交大舞台［N］．光明日报，2015 – 06 – 04（11）.

［176］于津平．中国与东亚主要国家和地区间的比较优势与贸易互补性［J］．世界经济，2003（5）：33 – 40 + 80.

［177］于爽．一带一路战略下中国与中亚五国农业贸易合作的互补性［J］．农业经济，2017（7）：112 – 114.

［178］于茵，王蓉．丝绸之路经济带建设中区域经济一体化建设探究［J］．大众标准化，2020（12）：22 – 23.

［179］袁洲，何伦志．丝绸之路经济带核心区贸易关系分析与中国应对——基于扩展贸易引力模型的研究［J］．新疆师范大学学报（哲学社会科学版），2016，37（5）：41 – 50.

［180］岳劲．品牌国际化战略研究：合理性视角［D］．武汉：武汉大学，2010.

［181］张海霞，李季鹏．新疆企业开拓中亚市场面临的主要风险及对策［J］．对外经贸，2015（7）：19－20.

［182］张华容，檀雅丽．中国品牌国际化问题探讨［J］．财贸经济，2006（6）：42－43.

［183］张建军，李扬．新丝绸之路经济带中国与中亚产业合作的实证分析［J］．统计与决策，2017（13）：144－147.

［184］张娟，刘钻石．中国民营企业在非洲的市场进入与直接投资的决定因素［J］．世界经济研究，2013（2）：74－79＋89.

［185］张维迎．企业国际化战略的深层次思考［J］．中国经贸导刊，2002（24）：57.

［186］张亚斌，马莉莉．丝绸之路经济带：贸易关系、影响因素与发展潜力——基于CMS模型与拓展引力模型的实证分析［J］．国际经贸探索，2015（3）：14.

［187］张玉福．国际品牌本土化策略及其对我国企业的启示［J］．山西煤炭管理干部学院学报，2005（2）：19－21.

［188］张媛，孙新波，钱雨，张浩．赋能视角下新兴市场企业品牌国际化过程及实现机理研究［J］．管理学报，2020，17（4）：572－582.

［189］赵强．“民酒”的崛起［J］．销售与市场（管理版），2014（12）：33.

［190］赵晔涵．中国企业品牌国际化路径分析［D］．长春：吉林大学，2014.

［191］郑永年．实现亚洲经济再平衡［J］．北大商业评论，2015（6）：30－31.

［192］周菲．中国企业的品牌——国际化模式及启示［J］．对外经贸实务，2004（5）：7－8.

［193］周茂，陆毅，陈丽丽．企业生产率与企业对外直接投资进入模式选择——来自中国企业的证据［J］．管理世界，2015（11）：70－86.

［194］朱新鑫，李豫新．中国与中亚五国农产品贸易竞争性和互补性分析［J］．国际经贸探索，2011（3）：17－22.

附　录

附录一　新疆本土企业品牌国际化战略研究问卷

尊敬的先生/女士：

您好！感谢您在百忙之中填写本问卷！

我们是石河子大学品牌营销研究中心“品牌国际化”项目组，近期我们在做一个“新疆本土企业品牌国际化战略选择”的调研，希望能够了解您所在企业的品牌国际化现状。您的每一个意见都很宝贵，请您如实地回答所有的问题。本问卷所获资料仅供学术研究之用，并会对您的相关信息保密，敬请您放心回答。感谢您的热心帮助！敬祝万事如意，身体健康！

石河子大学“新疆本土品牌国际化战略研究”项目组

一、企业概况

1. 您所在企业的名称：［填空题］ ________________

2. 您所在企业性质为：［单选题］

○国企

○私企

○外企

○中外合资企业

3. 您所在的国有企业类型为：[单选题]

○国有独资企业

○国有资本控股企业

○国有资本参股企业

4. 您所在企业员工人数大概为：[单选题]

○100 人以下

○100 ~ 200 人

○201 ~ 500 人

○501 ~ 1000 人

○1000 人以上

5. 您所在企业有哪些品牌和产品：[填空题] * ________________

二、企业品牌国际化战略选择

企业国际化是指企业为了获取更大的利润，实现企业可持续发展，利用自身的优势，选择进出口贸易、国际直接投资等方式参与国际分工、国际生产和国际市场，并按照国际化发展进程调整公司发展战略的过程

6. 您所在的企业是否参与了企业国际化？[单选题]

○是

○否

7. 您所在企业参与国际化的品牌或产品有哪些？[填空题] ____________

8. 您所在的企业在未来 3 ~ 5 年内是否有计划参与国际化业务？[单选题]

○是

○否

9. 您所在企业开展企业国际化大概有多长时间？［单选题］

○0～3 年

○4～6 年

○7～10 年

○11～20 年

○20 年以上

10. 您所在企业国外业务占比大概为：［比重题］ *

国外业务________________

国内业务________________

提示：请填入数字，所有项总和必须等于 100

11. 您所在企业开展国际化的动因是：［多选题］

□资源导向型

获得国外的优质资源

□市场导向型

开拓新市场，克服贸易障碍，跟随竞争者

□效率导向型

在出口国投资建立工厂，以节约生产成本

□机会导向型

寻求更多的发展机会

□政府推动型

政府扶上马，送一程

12. 您所在企业参与国际化的方式是？［多选题］

□贸易出口

把国内生产的产品出口到海外市场，通过产品销售进入目标市场。包括：直接出口、间接出口、反向贸易（进口设备和技术，用产品或劳务予以偿还）

□合同项目

企业在不涉及股权安排的条件下，通过转让一项或几项无形资产而进入目标市场。包括：许可证贸易、特许经营、合作生产、管理合同、建筑或工程合同

□对外投资

通过股权安排方式，直接参与或控制海外企业的生产经营。包括：全资子公司、合作经营、对等拥有、参股子公司

□其他________________

13. 您所在企业的国际贸易方式为：[多选题]

□间接出口

□直接出口

□反向贸易

企业在不涉及股权安排的条件下，通过转让一项或几项无形资产而进入目标市场。包括：产品返销、互购方式、部分补偿、第三国补偿贸易

□其他________________

14. 您所在企业国际化的合同项目方式为：[多选题]

□许可证贸易

□特许经营

□合作生产

□管理合同

□建筑或工程合同

□其他________________

15. 您所在企业国际化的投资方式为：[多选题]

□全资子公司

□合资经营

□对等拥有

□参股子公司

□其他________________

品牌国际化是指在跨国经营中通过品牌输出，在目标市场完成品牌形象的传播、塑造，逐步实现品牌溢价并致力于成为主导品牌的过程

16. 您所在企业是否参与品牌国际化？[单选题]

○是

○否

17. 您所在企业参与品牌国际化中所使用的品牌有哪些？[填空题] ______

18. 您所在企业品牌国际化中品牌方式战略选择为：[多选题]

□OEM（帮别人代工，贴牌生产）

□ODM（自主设计产品）

□OBM（有自己的自主品牌）

□其他________________

19. 您所在企业品牌国际化中品牌数量战略选择为：[单选题]

○单一品牌

○多元化品牌

○其他________________

20. 您所在企业品牌国际化中品牌类型战略选择为：[单选题]

○自有品牌

○收购国外品牌

○合资品牌

21. 您所在企业品牌国际化中品牌合作战略选择为：[单选题]

○品牌联合

○品牌联盟

○其他________________

22. 您所在企业品牌国际化中品牌命名战略选择为：[单选题] *

○纯外国品牌名

英文品牌名

○中国原有品牌名

中文品牌名或本企业在国内原有的品牌名

○本土化品牌名

用当地的本土语言命名品牌

○联合品牌名

中文名称和当地语言结合使用作为品牌名

○其他________________

23. 您所在企业开展品牌国际化大概有多长时间？[单选题]

○0～3 年

○4～6 年

○7～10 年

○11～20 年

○20 年以上

24. 您所在企业没有开展国际化的原因或困难有哪些？[填空题] ________

25. 您所在企业国际化过程中遇到的困难有哪些？[填空题] ____________

26. 贵公司是否有国际化战略计划？如果有，请说明 [填空题] * ________

附录二　新疆本土企业品牌国际化访谈大纲

调研时间：　　　　调研单位：　　　　访谈对象：　　　　记录人：

一、行业基本情况

1. 公司所在行业的现状和未来预期如何？目前整个行业的市场规模成长空间有多大？预计年增长率是多少？经济周期对行业的影响是否显著？

2. 公司在所在行业中市场排名第几？市场份额是多少？最主要的（潜在）竞争对手是谁？竞争对手各自所占市场份额是多少？

3. 行业是否存在进入壁垒（国家政策、资金需求、规模效应或者专有技术等）？

4. 公司目前有哪些品牌，每个品牌的优势在哪里？

5. 品牌在行业中所采取的竞争战略是什么？成本领先、差异化还是集聚战略？

6. 公司所在行业在整个产业链中的位置是怎样的？对上游行业和下游行业的议价能力如何？本行业在整个产业链中的利润空间和盈利状况处于什么样的水平？

7. 公司所在的行业是否有新的市场机会、技术革新或者消费需求等新变化、新发展？对这些行业变化和发展公司的打算是什么？是积极进入还是观望等待？

8. 在所在行业取得成功的关键因素？（成本控制、市场营销、技术领先、品牌效应或管理水平等）

9. 公司所在行业所生产的产品的最终消费用途都有哪些？本行业所生产的

产品所占的比例是多少？公司对最终消费品市场的前景判断是什么样的？

二、企业基本问题

10. 请叙述一下公司组织结构、股权分布的演变过程以及改制情况。在最近3年内控股股东或者实际控制人是否有重大变化？

11. 公司经营范围主要覆盖了哪些领域？主要产品或者服务是什么？公司的短长期发展目标及战略、经营计划是什么？1～2年预计销售收入和净利润，并解释该收入和利润的来源情况和实现依据。

12. 公司在行业中的竞争优势是什么？市场其他可替代产品有什么，价格差异如何？

13. 请简要介绍公司的生产模式。生产环节的价值增值体现在哪里？公司现有设备的产能情况和产能利用率？核心技术、专有技术？

14. 公司的主要供应商都有哪些？原材料的价格变化对公司的生产影响是怎样的？公司是否对原材料及其供应商有相应的控制措施和办法？公司对下游客户的定价策略是怎样的？是否具有议价能力？

15. 请简要介绍公司历年的销售情况（收入来源）？其中经常性收入和非经常性收入各自占比多少？构成经常性收入的产品或服务都有哪些？从产品结构来说，增长来自传统产品还是创新产品？

16. 公司的采取的是什么样的营销/品牌策略（直销/分销）？如果采取分销制，对经销商的管理和控制能力如何？对销售团队的考核机制是怎样的？

17. 公司的宣传推广策略是怎样的？广告费用和销售费用占销售收入比例多少？

18. 公司现有的产品主要销售区域在哪些地区？未来的渠道开拓重点以及可能遇到的障碍和困难。

19. 公司前瞻技术开发项目的储备情况如何？历年新产品占主营业务比重及

趋势如何？正在研发或即将问世的新产品预计投产情况和市场前景如何？

20. 请简要介绍并评价公司管理团队。

21. 公司在未来是否有投资的打算？如果有，投资的目标和战略是什么？请描述一下在未来2年的投资计划、资本性支出计划及现金流计划。

22. 目前公司发展的主要瓶颈是什么？公司生产经营过程中可能存在的最大风险因素是什么？管理层分别准备采取什么样的应对措施？

三、企业国际化的进程

23. 企业最早的国际业务开始于何时何地，每一阶段的市场占有率如何？国际化进程中的关键事件、标志性阶段？是否有海外办事处，与跨国公司合作，并购等，研发生产销售中心等？

24. 企业国际化进程的总体战略规划如何？在实施品牌国际化过程中有没有遇到哪些问题？企业是如何解决的？品牌国际化取得了哪些成就？

25. 品牌国际化的难点在哪些方面？

26. 企业家的战略、个人气质和在企业国际化中发挥的作用？

27. 获得的当地的政策支持？

28. 现在公司在品牌国际化方面是否面临一些问题？打算如何着手进行处理？

29. 您觉得作为新疆企业，实施品牌国际化的优势和劣势在哪里？

30. 回想公司品牌国际化的进程，有没有哪些地方是您提醒其他企业在品牌国际化过程中需要注意的？

附录三　中国企业参与中亚市场开发战略选择研究

尊敬的先生/女士：

您好！感谢您在百忙之中填写本问卷！

我们是石河子大学项目组，近期我们在做一个“经济全球化背景下中国企业参与中亚市场开发战略选择”的调研，希望能够了解您所在企业参与中亚市场开发的现状。您的每一个意见都很宝贵，请您如实的回答所有的问题。本问卷所获资料仅供学术研究之用，并会对您的相关信息保密，敬请您放心回答。感谢您的热心帮助！敬祝万事如意，身体健康！

石河子大学“中国企业参与中亚市场开发战略选择研究”项目组

1. 您所在企业的名称：［填空题］ ________________

2. 您所在企业性质为：［单选题］

○国企

○私企

○外企

○中外合资企业

3. 您所在的国有企业类型为：［单选题］

○国有独资企业

○国有资本控股企业

○国有资本参股企业

4. 您所在企业员工人数大概为：［单选题］

○100 人以下

○100 ~ 200 人

○201 ~ 500 人

○501 ~ 1000 人

○1000 人以上

5. 您所在企业有哪些品牌和产品：［填空题］ * ________________

6. 您所在企业是否进入了中亚五国市场？［单选题］ *

○是

○否（跳到 15 题）

7. 您所在企业进入中亚五国市场的动机是？［多选题］ *

□资源导向型

□市场导向型

□贸易导向型

□机会导向型

□政府推动型

8. 您所在企业进入中亚五国市场的方式？［多选题］ *

□投资式进入

投资式进入：合资经营、独资经营和企业兼并

□契约式进入

契约式进入：许可经营方式、特许专营方式、合同方式和国际分包

□贸易式进入

贸易式进入：本国的中间商、外国的中间商、设立国外办事处和销售分支机构

□其他________________

9. 您所在企业进入中亚五国市场的时间？［单选题］ *

○0～3 年

○4～6 年

○7～10 年

○11～20 年

○20 年以上

10. 您所在企业中亚五国市场收入占公司总收入的多少？［比重题］ *

中亚五国市场收入________________

11. 您所在企业在中亚五国市场上采取的市场竞争策略？［多选题］ *

□成本领先战略

□差异化战略

□集中化战略

□其他________________

12. 您所在企业在中亚五国市场的产品价位？［单选题］ *

○以高价产品为主

○以中价产品为主

○以低价产品为主

13. 您所在企业认为中亚五国市场对哪类产品需求量大？［多选题］ *

□高价产品

□中价产品

□低价产品

14. 您所在企业选择目标市场的战略是什么？［多选题］ * （跳到 22 题）

□ “滚雪球”战略

“滚雪球”战略：逐步推进、渗透

□ “采蘑菇”战略

“采蘑菇”战略：根据市场实际情况，实行跳跃性开发

□ “保龄球” 战略

“保龄球” 战略：用关键市场的影响能力来辐射周边市场

□ “农村包围城市” 战略

“农村包围城市” 战略：先易后难

□ “撒网开花” 战略

“撒网开花” 战略：多市场同时开发

□其他________________

15. 您所在企业在未来 3 ~ 5 年内是否有打算进入中亚五国市场？［单选题］ *

○是

○否（跳到 21 题）

16. 您所在企业打算进入中亚五国市场的动因是？［多选题］ *

□资源导向型

□市场导向型

□效率导向型

□机会导向型

□政府推动型

17. 您所在企业打算进入中亚五国市场的方式？［多选题］ *

□投资式进入

投资式进入：合资经营、独资经营和企业兼并

□契约式进入

契约式进入：许可经营方式、特许专营方式、合同方式和国际分包

□贸易式进入

贸易式进入：本国的中间商、外国的中间商、设立国外办事处和销售分支机构

□其他________________

18. 您所在企业打算在中亚五国市场上采取的市场竞争策略？[多选题] *

□成本领先战略

□差异化战略

□集中化战略

□其他________________

19. 您所在企业打算在中亚五国市场的产品价位？[单选题] *

○以高价产品为主

○以中价产品为主

○以低价产品为主

20. 您所在企业打算选择目标市场的战略是什么？[多选题] *

□“滚雪球”战略

“滚雪球”战略：逐步推进、渗透

□“采蘑菇”战略

“采蘑菇”战略：根据市场实际情况，实行跳跃性开发

□“保龄球”战略

“保龄球”战略：用关键市场的影响能力来辐射周边市场

□“农村包围城市”战略

“农村包围城市”战略：先易后难

□“撒网开花”战略

“撒网开花”战略：多市场同时开发

□其他________________

21. 您认为经济全球化发展会影响贵公司进入中亚五国市场吗？[单选题] *

○会

○不会

22. 您所在企业认为中亚五国市场的潜力怎样？[单选题] *

○非常小

○小

○一般

○大

○非常大

23. 您所在企业认为中亚五国农业市场的潜力怎样？[单选题] *

○非常小

○小

○一般

○大

○非常大

24. 您所在企业认为中亚五国工业市场的潜力怎样？[单选题] *

○非常小

○小

○一般

○大

○非常大

25. 您所在企业认为中亚五国能源市场的潜力怎样？[单选题] *

○非常小

○小

○一般

○大

○非常大

26. 您所在企业认为中亚五国消费市场的潜力怎样？［单选题］ *

○非常小

○小

○一般

○大

○非常大

27. 您所在企业没有参与中亚市场开发的原因或困难有哪些？［填空题］________

28. 您所在企业参与中亚市场开发过程中遇到的困难有哪些？［填空题］________

29. 您对于中国企业参与中亚市场开发有哪些建议？［填空题］__________

30. 您在企业中的职位名称为：［单选题］

○董事、主席级别

○总裁、会长

○总经理

○总监、经理

○主任、主管

○组长

○普通员工

感谢您的合作！

这里向您保证，我们会对您的信息进行保密，仅作学术使用。

为了便于更进一步对有关问题进行深入探讨，方便的话，麻烦您留一下您的联系方式，万分感谢！

姓名：________________

电话：________________

附录四 中国企业参与中亚市场开发战略选择研究访谈大纲

调研时间： 调研单位： 访谈对象： 记录人：

一、行业基本情况

1. 公司所在行业的现状和未来前景如何？目前整个行业的市场规模成长空间有多大？预计年增长率是多少？经济周期对行业的影响是否显著？

2. 公司在所在行业中市场排名第几？市场份额是多少？最主要的（潜在）竞争对手是谁？竞争对手各自所占市场份额多少？

3. 行业是否存在进入壁垒？（国家政策、资金需求、规模效应或者专有技术等）

4. 公司目前有哪些品牌，每个品牌的优势在哪里？

5. 品牌在行业中所采取的竞争战略是什么？成本领先、差异化还是集聚战略？

6. 公司所在行业在整个产业链中的位置是怎样的？对上游行业和下游行业的议价能力如何？本行业在整个产业链中的利润空间和盈利状况处于什么样的水平？

7. 公司所在行业是否有新的市场机会、技术革新或者消费需求等新变化、新发展？对这些行业变化和发展公司的打算是什么？是积极进入还是观望等待？

8. 在所在行业取得成功的关键因素是哪些？（成本控制、市场营销、技术领先、品牌效应或管理水平等）

9. 公司所在行业所生产的产品的最终消费用途都有哪些？本行业所生产的产品所占的比例是多少？公司对最终消费品市场的前景判断是什么样的？

二、企业参与中亚市场开发问题

1. 贵企业进入中亚五国市场的动机是什么，或存在怎样的契机？

2. 贵企业怎样看待中亚五国在中亚市场的角色定位？（哪国更适合什么价位的产品，高、中、低产品，对哪类产品的需求量大）

3. 贵公司认为中亚五国市场的特点是什么？

4. 贵公司注重中亚五国市场的原因是什么？

5. 贵公司认为开拓中亚五国市场的思路是什么？

6. 贵公司国际化初步阶段是采取怎样的方式进入中亚五国市场的（投资式进入：合资经营、独资经营和企业兼并；契约式进入：许可经营方式、特许专营方式、合同方式和国际分包；贸易式进入：本国的中间商、外国的中间商、设立国外办事处和销售分支机构）

7. 贵公司选择此种方式进入市场的原因？

8. 在国际化进一步发展进程中，进入方式有没有发生变化？为什么会发生变化？

9. 进入中亚五国市场与进入其他国际市场相比，进入方式存在差异吗？差异存在的原因有哪些？

10. 中亚五国市场中存在哪些有利于贵公司市场进入的要素？哪些不利于贵公司市场进入的要素？

11. 在进入的过程中贵公司主要遇到了哪些问题？（法律、文化、当地政策、消费者态度等方面）

12. 贵公司选择目标市场的战略是什么？（“滚雪球”战略、“采蘑菇”战略、“保龄球”战略、“农村包围城市”战略、“撒网开花”战略）

13. 贵公司在中亚五国市场上采取的市场竞争策略是什么？（成本领先战略、差异化战略和集中化战略）

14. 贵公司在中亚五国市场上的市场定位是什么？产品定位是什么？

15. 贵公司与市场竞争者存在哪些优势和劣势？

16. 贵公司在市场发展过程中遇到哪些问题以及解决的思路？

17. 经济全球化对贵公司在中亚五国市场有没有带来影响以及带来了怎样的影响？

18. 贵公司怎么看待经济全球化对后来企业进入中亚五国市场的影响？

19. 贵公司认为经济全球化对贵公司带来了哪些机遇和挑战？

20. 您认为未来 5 ~ 10 年中亚五国市场会发生哪些重大变化，这些变化会给企业带来哪些重大影响？